한국 차문화 비평

한국 차문화 비평

심재원

저자의 말

앞뜰로 나아가기 위하여

생활하면서 차를 마시는 기쁨이 적지 않았다. 차를 왜 마시는지에 대해 별 생각을 해본 적도 없고, 차를 마시는 이유를 다른 사람에게 물어본 적도 없다. “그냥 맛있어서, 좋아서, 즐거워서 마시는데 무슨 말이 필요하리!” 싶어서다.

그런데 차를 마시다 보니, 동다송(東茶頌)의 글처럼 신(神), 승(勝), 취(趣), 범(泛), 시(施)를 다 경험하게 되었다. 사람들과 차를 마시고, 차실을 방문하고, 도구를 사용하는 게 다반사(茶飯事)로 변한 것이다. 별 말이 없어도 될 차 생활이 일상으로 바뀌면, 어쩔 수 없이 표현해야 할 때가 많아진다. 이런저런 이유로 필자도 잡지에 글을 쓰게 되고, 그것을 모아 몇 권의 단행본으로 펴내기도 했다. 부끄러운 군더더기다 싶어도, 예삿일인데 어쩌랴 싶어서다.

원래 필자의 천성은 성가심을 싫어할뿐더러 사람들과 즐겨 교유하는 성격도 아니다. 차와 연관되어서도 다르지 않아, 쉬이 어딜 다니거나 얼굴 내밀지 않았다. 하지만 시절 인연인지, 몇 군데 집필과 강의를 지속하니 계속 책도 내게 되고, 〈한국차문화연구원〉

에도 몸담게 되었다. 연구하고, 글을 쓰고, 때에 따라 발표와 강의를 해야만 하는 처지가 된 것이다. 그야말로 필자가 싫어하는 풍찬노숙(風餐露宿)의 차생활을 하게 되었음이다. 물론 이 생활도 자유롭게 살고자 하는 필자의 성격 탓에 언제까지 이어질지는 스스로도 모른다. 다만 연구원의 일원으로서 풀어야 할 첫 번째 숙제가 이거다 싶어, 『한국 차문화 비평』이란 이름으로 다시 졸저(拙著)를 낸다.

이 책은 "시가 있는 차문화 이야기"라는 이름으로 월간 『다도』지에 연재된 글과 새로 쓴 글을 모아 엮은 것이다. 세월이 가면 상황이 바뀌고, 변화가 있으면 생각이나 정서가 달라진다. 필자도 『다도』지에 연재된 글들을 고치면서, 새롭게 써야 할 분야를 덧붙이게 되었고, 그것들을 정리하면서 책으로 펴내는 욕심을 내었다. 세월 따라 성격도 뻔뻔해졌는지, 내용보다는 책이 좀 더 돋보였으면 하는 민망한 생각까지 하고 있다.

광제선사(廣濟禪師)는 끽선차삼구(喫禪茶三句)에서 맛을 분별하는 것(分別味), 맛을 안다는 것(知味), 맛을 잊었다는 것(忘味)이 어우러져 하나의 맛(一味)으로 되어야만, 물 흐르는 밝은 달 아래의 불이의 문(不二門)에 들어간다 하였다.

그렇다. 여러 현상을 두고, 이러니저러니 말 많은 것은 본질로 들어가는 길이 아니며, 정수를 파악하는 정도(正道)도 아니다. 문외(門外)의 하수들이 망둥이 뛰듯, 어설픈 꼴을 펼치는 짓거리일 뿐이다. 그걸 누구보다 잘 알면서도 이런저런 말을 섞어 책으로 펴내는 필자는 분명 하수 중의 최하수임이 분명하다. 하지만 어쩌겠는가? 재주가 미천한 필자의 깜냥인데….

글을 쓰고, 책을 펴내면서 자기 만족감에 우쭐한 사람이 있을까? 필자는 글을 쓰면서 늘 모자라고 부족하여 한계에 부딪혔고, 책을 펴내면서 언제나 아쉽고 후회스러움에 안타까웠다. "새로 쓸 글은 잘 써야지! 다음 책은 잘 만들어야지!" 항상 이런 식이었다. 절차탁마(切磋琢磨)를 내적으로 투철하게 하지 못하고, 외적으로만 흔들바위처럼 의미 없이 삐걱댔음의 결과이다.

하여 이 책도 모자라고 부족하니 아쉽고 후회스럽지만, 앞뜰로 나아가기 위하여 뒤뜰을 정리하는 과정이라 생각하며 애써 자위한다.

모쪼록 바라는 것이 있다면 단 하나, 이 책이 우리의 차문화가 어떤 방향으로 나아가야 하는가에 대한 진지한 성찰의 계기가 되었으면 하는 것뿐이다.

부족하고 잘못된 부분과 아쉽고 안타까운 부분에 대하여, 독자 여러분의 많은 질책과 조언을 엎드려 바란다.

끝으로 책을 위하여 사진을 제공해 주신 박홍관 선생님과 고운사 도륜 스님, 오상룡 교수님과 몽암 김종호 작가님, 하지권 작가님 그리고 경상국립대학교 출판부 관계자께 두 손 모아 감사드린다.

임인년 입춘날

월인천강에서

심재원

차례

오늘. 관찰, 바라보다

내일. 예찰, 내다보다

어제 / 성찰 / 돌아보다

한국 차문화의 시원(始原)에 대한 견해

사람들 사이에 이루어지는 사회 활동 즉 인간의 모든 사회적 행동과 태도를 문화 현상이라 한다. 문화 현상은 시대와 향유계층의 철학, 생활방식에 따라 다단계처럼 얽혀 복잡다기(複雜多岐)하다. 모든 문화 현상의 출발은 시대성과 지역성 그리고 집단성의 토대 위에 형성되고 성행하며 전승된다. 우리의 차문화 역시 마찬가지이다. 특정의 시대·지역·계층에서 시작되고 향유되면서 하나의 현상으로 굳건하게 지속 되어 가치성이 있는 것이다.

그러면 우리나라에서 언제부터 문화의 한 큰 줄기인 차문화가 태동 되었을까? 아니 어느 때부터라고 보는 것이 바람직할까? 여러 의문을 설정하여 후대의 기록이지만 역사를 멀리 소급시킬 수 있는 것부터 살펴보면서 풀어보자.

• 최고(最古)의 역사 소급을 위한 기록 보기

『삼국사기(1145년경)』에 "흥덕왕(興德王, 재위 826~836) 3년 겨울 12월 당(唐)에 사신을 보내 조공하니, 문종(文宗, 재위 826~839)이 인덕전(麟德

殿)에 불러 대면하고 연회를 베풀어 주었으며 차등을 두어 하사품을 내렸다. 입당(入唐)했던 사신 대렴(大廉)이 차 씨앗을 가지고 돌아오니 왕이 사자에게 시켜 지리산에 심도록 하였다. 차는 선덕왕(善德王, 재위 632~647) 때부터 있었지만 이에 이르러 성행했다."라는 기록이 있다.

『삼국유사(1281년경)』〈가락국기〉에는 "신라 문무왕(文武王, 재위 661~681)이 수로왕의 17세손 갱세 급간(賡世級干)에게 매년 명절마다 술과 단술, 떡, 밥, 차 등으로 제사를 지내게 했다."라는 기록도 있다.

청대의 유원장(劉源長)이 쓴 『개옹다사(介翁茶史, 1669년경)』"에는 구화산에 공경차가 있는데 이는 김지장(704~803)이 심었다. (중략) 김지장은 신라 스님으로 당나라 지덕 연간(756~758) 바다를 건너 구화산에 거처하며 이 차를 심었다."九華山有空梗茶是金地藏所植 金地藏新羅國僧 唐至德間渡海居九華乃植此茶

이능화(李能和, 1869~1943)는 『조선불교통사』에서 "김해 백월산에는 죽로차(竹露茶)가 있다. 세상에서 수로왕비인 허씨가 인도에서 가져온 차 종자라고 전한다."라고 썼다.

이상의 문헌은 한반도에 존재한 차와 차문화를 최대한 고대로 소급하기 위해 살펴본 것이다. 정사(正史)로서 우리나라에서 가장 오래된 문헌인 삼국사기에는 630년경에 한반도에 차가 있었지만, 200여 년이 지난 830년경에야 차나무가 심어졌다고 적었다. 삼국유사에 나타난 차의 역사는 그보다 30여 년이 뒤지고, 중국의 기록에 나타난 역사는 100여 년이 늦다. 최고로 역사를 소급할 수 있는 기록은 약 100여 년 전에 편찬한 『조선불교통사』인데, 삼국사기에 나타난 흥덕왕 때보다 800여 년 정도나 앞선 가야 수로왕 시대로 적고 있다.

• 차문화의 역사 소급을 위한 유물과 사실 보기

우리의 차문화를 알기 위해서는 문헌에만 매달려서는 안 된다. 역사적인 근거가 될만한 모든 유물과 사실 기록, 설화까지 면밀하게 검토하고 살펴야만 한다. 무릇 문화 현상은 기록으로 분명하게 남은 것도 있지만, 태반이 향유되다가 사라지기도 한다. 어떤 경우는 특정 지역이나 계층에서 설화로 전해지기도 하고 유물 몇 조각으로 그 세월을 증언하기도 한다.

우리 차문화의 주체가 누구이며, 언제쯤부터 시작되었으며, 어떤 방식으로 향유되었는지는 역사적 사실과 유물을 두고 유추하는 것도 좋은 방법이다. 중국으로부터 차문화가 유입되었다고 본다면, 특히나 그 교류와 관련된 사실을 먼저 살피는 것이 좋을 것이다.

경덕왕 9년(750) 이후 당나라와 신라의 교역이 활발해지면서 신라인들의 집단 촌락이 몇 군데 형성되었는데, 바로 신라방(新羅坊)이다. 이 지역들은 중국의 강남지역으로 차문화가 번성했던 곳이다.

석굴암 문수보살상. ©김종호

그리고 신라의 사찰인 신라원(新羅院)도 있었고 신라 사신, 유학생, 승려 등이 숙박을 할 수 있는 신라관(新羅館)도 생겼다. 신라인이 늘어나자, 당(唐)은 신라인이 거주하던 지역의 자치를 허용하여 신라소(新羅所)라는 관청도 섰다. 장보고(張保皐, ?~846)가 적산법화원(赤山法華院)을 세우기도 했는데, 일본 천태종 승려 엔닌(圓仁)이 다녀갔다. 이를 통해 당시, 당·신라·일본 간의 교류가 활발했음을 알 수 있다.

6~8세기 대표적인 입당구법승(入唐求法僧) 중 원광국사(圓光國師, 555~638), 자장율사(慈藏律師, 590~658), 의상대사(義湘大師, 625~702)는 신라로 돌아왔고 원측(圓測 612~696), 무상(無相, 680~756), 지장(地藏, 697~794) 스님은 귀국하지 않고 당나라에서 불법을 선양했다. 이를 보면 승려들을 통하여도 당과 신라의 문화가 소통되었음을 짐작할 수 있다. 이는 차문화가 자연스럽게 승려들을 통하여 신라 주류계층의 문화로 형성되었을 것이라고 짐작할 수 있는 지점이다.

그리고 대표적인 차 관련 유물로는 화엄사에 있는 진흥왕(眞興王, 재위 540~576) 때의 고승인 연기조사(緣起祖師)의 차 공양상과 석굴암의 문수보살상의 찻잔이다. 「삼국유사」에는 "경덕왕 때, 대성(金大城, 700~774)이 천보(天寶) 10년 신묘년(751)에 비로소 불국사, 석굴암을 지었다."고 적었다. 「불국사 고금창기(佛國寺古今創記)」에는 법흥왕 15년(528)에 왕의 어머니인 영제부인(迎帝夫人)의 발원으로 지었다 했고, 『불국사 사적기(佛國寺事蹟記)』에는 눌지왕(訥祇王, 재위 417~458) 때 아도화상(阿道和尙)이 창건하였다고 적혀 있다. 이런 역사적 사실과 유물의 시대성을 보면, 신라의 차문화는 AD 400년 경으로까지 소급될 수 있다.

• 차나무와 차문화의 존재 불일치성의 이유

이상의 글을 보면, 한반도에서는 차나무와 차문화의 존재가 일치하지 않음을 알 수 있다. 이유에 대해서는 의문을 가질 필요가 없을 정도로 간단하다. 외부로부터의 영향으로 유입된 문화 현상은 그 조건이 갖추어지면 자체적으로 형성되고 유행한다. 삼국시대의 차문화 형성은, 외부로부터 유입된 차(製品)와 그 차를 다양한 방식으로 향유하는 주체 그리고 차의 활용 목적이라는 삼위일체가 갖추어졌기 때문이다. 차나무의 식재와 내부적 생산은 문화 활성화 이후에 오히려 그 필요성이 대두되었음이 분명하다. 혹자는 국수주의적인 관점으로, 한반도 내에 차나무가 자생했을 것이라고 하지만, 여러 조건과 문헌으로 보아 분명 합리적이지 않다.

『삼국유사』에 나오는 보질도(寶叱徒) 태자 형제가 오대산에 들어가(647년) "이른 아침에 우통수를 길어다 차를 달여서 일만 진신 문수에게 공양한"早朝汲于筒水 煎茶供養一萬眞身文殊 차든, 경덕왕(재위 742~765) 때의 표훈대덕 충담사(表訓大德忠談師) 설화에서처럼 삼화령 미륵삼존불(三花嶺彌勒三尊佛)에 공양한 차든, 화랑이나 귀족이 마시던 차든, 이미 차는 차나무의 존재와 관계없이 특정 계층의 군건

한 문화 현상이었다. 현대 사회에서의 커피 문화와 다르지 않다.

분명 한반도의 차문화는 중국과의 교류를 통해서, 특정 계층을 중심으로 형성되어 점차 독자성을 띠었을 것이고, 차나무는 차문화 형성 이후에 필요조건에 의해서 도입되었을 것이다. 이러한 판단은 합리적 추론에 의한 것으로 절대 사대주의적인 관점이 아니다.

• 중국인이 주장하는 차문화의 역사적 시원

중국의 차문화는 차나무의 존재 위에서 이루어졌다. 인류의 삶 속에서 중요한 가치를 지닌 식물의 원산지는 해당 식물을 이용한 문화가 분명 있기 때문이다. 현재 중국에서 가장 오래된 차나무는 운남성 임창시 봉경현 소만진 금수촌(雲南省臨滄市鳳慶縣小灣鎮錦秀村)의 약 3200년 된 금수차조(錦秀茶祖)이다. 이 차나무는 야생형이 아니라 인공 재배형으로, 중국의 차문화가 실생활 속에서 기원 이전으로 한참이나 올라감을 보여준다.

중국에서 사람들이 언제부터 차를 마셨는지에 대한 정확한 기록은 없다. 중국차의 기원에 대한 여러 가지 학설 중, 가장 대표적인 것이 ① 기원전 3000년 경인 신농설(神農說), ② 기원전 1,000년경의 상주설(商周說), ③ 기원전 59년경의 서한설(西漢說), ④ 기원후 200년경의 삼국설(三國說)이다.

① 신농설(神農說)

한참 후대의 기록이지만, 차의 역사를 가장 소급할 수 있는 문헌은 당대(唐代)의 육우(陸羽, 733~804)가 쓴 다경(茶經)이다.

"차를 마시는 것은 신농씨(기원전 3245~3080년)로부터 시작되었다. 茶之僞飮 發乎神農氏"는 기록이다.

신농씨는 중국 상고시대의 삼황오제(三皇五帝) 중에서 삼황의 하나인데, 신농의 차 유래설은 현실적으로 접근하기 어려운 신화의 영역이다.

② 상주설(商周說, 기원전 1600~221년)

차의 이용에 관한 가장 오래된 기록으로는 파촉지방(사천성)의 재배설로 동진(東晋, 344~406)의 상거(常璩)가 편찬한 『화양국지(華陽國志)』 〈파지(巴志)〉 편에 "주(周)나라(BC 1046~771)의 무왕(武王)은 상(商)나라(BC 1600~1046)의 주왕(紂)을 정벌하고 파촉의 군대를 얻었으며, 파촉 지역의 곡물, 가축 … 차 등의 특산물을 공납 받았다. 남안과 무양에는 모두 좋은 차가 난다." … 山出好茶,南安武陽皆出名茶"라는 기록이 있다. 이 기록은 역사가 한참이나 지나 후의 것이지만, 역사 기록이란 무릇 과거사를 기록하는 것이다.

③ 서한설(西漢說)

현존하는 가장 오래된 차 관련 문헌은 한대(漢代, BC 202~AD 220)인 기원전 59年에 왕포(王褒)가 편찬한 『동약(僮約)』이다.

"성도에 사는 과부 양혜에게서 노비 편료를 일만오천 냥을 주고 사 와서는 노비의 할 일을 문서로 남겼는데, 아침 일찍 일어나 청소하고 밥 먹고 설거지하고 차를 끓이고 다구를 정리하여 잘 담아 두고 무양에서 차를 사온다."從成都安志里女子楊惠買亡夫時戶下髥奴便了 決賈萬五千 奴當從百役使 不得有二言 晨起早埽 食了洗滌 烹茶盡具 鋪已蓋藏 武陽買茶라고 기록되어 있다. 서한시대 파촉(西漢時代 巴蜀)에서는 이미 차 마시는 풍속이 보편화되고, 차가 상류 계층의 생활필수품으로 시장에서 매매가 이루어졌음을 알 수 있다. 이 기록은 당시의 차문화 발전을 설명하는 중요한 자료이다.

④ 삼국설(三國說, 220~280)

『삼국지(三國志)』 권65 〈오서(吳書) 위요전(偉曜傳)〉에는 "오나라 왕인 손호(孫皓)가 연회 때마다 손님들에게 7되의 술을 마시게 했는데, 그가 총애하던 술을 많이 마시지 못하는 신하 위요에게는 몰래 차천(茶荈)을 내려 술 대신 마시게 했다."皓每饗宴, 無不竟日, 坐席無能否率以七升爲限, 雖不悉入口, 皆澆灌取盡曜素飮酒不過二升, 初見禮異時, 常爲裁減, 或密賜茶荈以當酒 이 기록을 보면, 삼국시대 중국의 강남지역에서는 차 마시는 풍습이 이미 성행했음을 알 수 있다.

이상의 문헌과 재배차의 실재 근거를 통하여 중국 차문화의 역사를 유추하면 기원전으로 한참이나 거슬러 올라간다. 그런데 이러한 유구한 차 역사에서, 중국의 차단체와 차인들은 그들의 차역사를 어떻게 보는가? 운남성과 사천성의 차인들 그리고 안휘대학(安徽大學) 차학과 출신의 차인들과 토론을 해보면, 그들은 차의 역사를 거의 자동기술법으로 신농설을 읊는다. 대략 이렇다.

"중국에서 차를 마시기 시작한 역사는 신농시대로 보면 된다. 물론 그 처음은 오늘날처럼 정교한 방식으로 만든 차가 아니라, 약(藥用)으로 그리고 나물과 국(生煮羹飮)으로 활용되었을 것이다. 차(茶)라는 글자가 생기기 이전의 '씀바귀' 또는 '쓰다'라는 의미의 '도(荼)'가 그 뜻을 함의하고 있다고 보면 된다. 그러다 찻잎을 찌고 빻아 덩어리로 만든(蒸靑團餠造形) 차를 마시는 당대(唐代)의 자다(煮茶), 송대(宋代)의 점다(點茶) 시대를 거쳐, 찌거나 덖은 차(散茶)를 마시는 명의 포다(泡茶) 시대로 발전했다고 보면 된다. 현재 세계의 50여 국가에서 차를 재배하고, 약 20억의 인구가 차를 마시는 차문화의 출발은 몇천 년의 역사를 거슬러 올라가는 것이다."

여기에 그들이 역사를 소급하고 파악하는 중요한 두 가지 맥락의 단초가 있다. 첫째가 역사의 기록은 당대에 기록된 것도 있지만, 세월이 지난 뒤에 사실을 기반으로 집필되기도 한다는 것이고, 둘째가 그 기록의 내용으로 보아 역사를 충분히 더 고대로 소급하기도 한다는 것이다. 나는 여기에서 우리나라 차의 역사를 충분히 더 고대로 소급시켜도 문제 되지 않을 것이라는 확신을 하게 되었다.

• 우리 차문화의 역사적 시원 소급에 대한 견해

고대 우리나라의 차문화는 다른 문화권과의 교역과 교류로 형성되었다. 가야(伽倻)나 삼국(三國)의 차문화도 다른 문화권과의 교류가 없었다면 역시 불가능했을 것이다. 혹자는 한반도 내의 차 자생설을 주장하기도 하지만, 기후나 생태 등을 고려한 과학적 사고로는 전혀 합리적이지 않다. 게다가 차(茶), 다(茶)의 어원이 중국에서 유래한 것이기에, 언어의 역사성과 특수성으로 보아도 한반도 내에서의 자생설은 억지 주장이 된다.

또 『조선불교통사』에 근거하여 허황후에 의한 인도에서의 직접적인 남방유래설을 주장하는데, 이도 전혀 설득력이 없다. 약 2,000년 전의 인도에서의 차 역사를 추론할 수 없기 때문이다. 인도의 차에 관한 본격적인 책은 사무엘 베일던이 쓴 1877년의 『인도의 차 산업』이 처음이다. 그가 말한 아삼 지역에는 유구한 역사를 자랑하는 차나무도 없을뿐더러, 짜이(Chai)라는 어휘도 중국의 차(Chá),에서 유래한 것이다. 인도 아삼(Assam) 고대 차의 역사적 근거는 너무도 미약하다.

그렇다면 우리나라 차의 시원을 『삼국사기』나 『삼국유사』에 등장하는 신라의 선덕왕, 경덕왕, 흥덕왕 시대로 보아, 1,200~1,400여 년의 역사로 보아야만 할까? 아니면 『불국사 사적기』에 등장하는 눌지왕 시대로 보아 1,600여 년 역사로 보아야 할까?

여기서 우리는 다시 허황후에 주목할 필요가 있다. 허황후가 인

이슬을 머금은 차꽃. ©김종호

도 아유타 출신이든, 중국 사천성의 보주에서 왔든, 『삼국유사』의 허황후 기록을 보면, 중국과 밀접한 관계가 있음을 알 수 있다. 아유타 공주의 이름인 허황옥(許黃玉)과 대동한 잉신(媵臣)의 명칭이 중국식이며, 사후에 추존된 보주태후(普州太后) 명칭 또한 그렇다. 그들이 갖고 온 물건들도 한나라 관영공장(肆)에서 만든 것들이 태반이다.

허황후가 가야에 온 시기와 거의 일치하는, AD 14~40년 사이에 쓰였던 신(新)의 화천(貨泉)이 김해 봉황동 유적에서 출토되었고, 그보다 이른 진(秦)의 반량전(半兩錢)이 사천 늑도 유적에서 출토되기도 했다. 이는 고고학적으로 기원전부터 가야가 이미 중국과 해상으로 교통했음을 뜻하는 것이다.

그뿐만 아니라 남조(南朝) 제(齊, 479~502)의 뒤를 이은 양(梁, 502~557)의 소자현(蕭子顯)이 쓴 『남제서(南齊書)』에 가야에 대한 열전이 있는데, 여기에 건원(建元, 원년 479), 남제와 가야의 교역 사실을 기록한 것이다. 이때는 「신라전(新羅傳)」이 실리지도 않은 시기이기에 가야가 신라보다 활발한 국제 교섭을 하고 있었다는 근거가 된다. 당시 남제의 무제(武帝)가 차를 제물(祭物)로 올렸을 만큼 남방문화권에서는 폭넓게 차문화가 수용되고 있었다. 남제와 교역했던 가야는 분명히 차문화를 인지하고 있었을 것이다.

이상으로 보아, 우리나라의 차문화는 충분히 2,000여 년 전으로 거슬러 소급할 수 있다. 이는 단순히 신화적 영역에 기댄 것이 아니라, 역사 기록이나 유물을 통하여 충분히 소급할 수 있기 때문이다. 당대에 기록된 역사 기록만으로 고대사의 진위를 파악하는 태도는 바람직하지 않다. 기록 이전의 고대사는 사실 영역이 신화 영역에 스며들기도 하고, 다른 지역사의 기록으로 실체가 밝혀지기도 하며, 하찮게 보이는 유물에서 풀지 못한 진실이 풀어지기도 한다.

우리나라의 차문화 시원도 마찬가지이다. 많은 이견이 있기도 하지만, 유물과 후대의 여러 기록을 통하여 합리적·과학적 사고로 추론해야 한다. 기록 이전의 역사 진위는 여러 사실에 기반하여 추론의 영역에서 판단될 수 있다. 어쭙잖게 후대에 기록된 정사로만 역사 진위를 판단한다면, 실재했던 역사를 축소, 왜곡하게 된다.

우리의 차문화는 여러 딴지설을 극복하고 2,000여 년의 역사를 상고할 수 있다.

우리나라의 다양한 문화 중에서, 차문화는 그 시원도 오래며 정신사적, 생활사적으로 아주 중요한 위치를 점하고 있다. 역사적 가치는 현재에 수용될 때 빛을 발한다. 2,000여 년의 역사를 지닌 한국의 차문화는 현재에도 그 광맥이 뚜렷하다. 우리는 과거에 캐 둔 유산에 의존하거나 머무르지 말고, 더 빛나는 황금맥을 찾아야 한다. 지금 우리나라의 차문화는 2,000여 년의 역사 위에서 새로운 2,000여 년을 향해 나아가고 있다.

이 무미건조한 글을 당(唐)에 머무르며 불법을 홍포한 신라 왕자 출신인 지장스님(地藏, 697~794)의 시로 마무리한다.

送童子下山송동자하산	**하산하는 동자를 보내며**
空門寂寞汝思家공문적막여사가	절집이 적막하여 너는 집이 그리워져
禮別雲房下九華예별운방하구화	나에게 이별 고하고 구화산을 내려가네
愛向竹欄騎竹馬애향죽난기죽마	대나무 울을 향해 죽마 타기 좋아했고
懶於金地聚金沙나어금지취금사	절에서 수행은 게으르게 하였지
漆瓶澗底休招月칠병간저휴초월	병에 물 긷다 물 밑 달 건지기 그치고
烹茗甌中罷弄花팽명구중파롱화	차 달이다 사발 속 꽃 장난도 그쳤지
好去不須頻下淚호거불수빈하루	잘 가거라 자꾸 눈물 흘리지 말고
老僧相伴有煙霞노승상반유연하	노승은 서로 벗할 안개 노을 있으니.

차(茶)와 고풍의상

하늘로 날을 듯이 길게 뽑은 부연(附椽) 끝 풍경(風磬)이 운다.
처마 끝 곱게 늘이운 주렴(珠簾)에 반월(半月)이 숨어
아른아른 봄밤이 두견이 소리처럼 깊어 가는 밤,
곱아라 고아라 진정 아름다운지고
파르란 구슬빛 바탕에
자주빛 호장을 받친 호장저고리
호장저고리 하얀 동정이 환하니 밝도소이다.
살살이 퍼져 내린 곧은 선이
스스로 돌아 곡선(曲線)을 이루는 곳
열두 폭 기인 치마가 사르르 물결을 친다.
치마 끝에 곱게 감춘 운혜(雲鞋) 당혜(唐鞋)
발자취 소리도 없이 대청을 건너 살며시 문을 열고,
그대는 어느 나라의 고전(古典)을 말하는 한 마리 호접(胡蝶)
호접인 양 사풋이 춤을 추라, 아미(蛾眉)를 숙이고…….
나는 이 밤에 옛날에 살아
눈 감고 거문고 줄 골라 보리니
가는 버들인 양 가락에 맞추어

흰 손을 흔들어지이다.

1939년 『문장(文章)』에 실린 조지훈 시인의 「고풍의상」이다. 우리의 전통적 건축물이 지닌 선의 아름다움을 '부연의 곡선'으로 드러내고 있다. 그리고 그 처마 아래로 구슬로 만든 발(珠簾)을 내린 달밤의 운치 있는 광경과 한복을 입은 미인의 요조(窈窕)하고 품위 있는 동작 묘사는 사뭇 일품이다. 상고적 시풍(尙古的 詩風)이라 현대적 감각으로 보면 약간은 생경한 느낌도 있다. 하지만 우리의 문화를 말살하려는 일제의 식민지 정책에 맞서는 시인의 의도는 참으로 성공적이다.

• "곱아라 곱아라 진정 아름다운지고"

한복은 우리의 몸을 바로 세워주고 마음을 곧게 잡아주는 고풍의상이다. 하지만 실상은 참 어찔하다. 오늘날 이 한복의 명맥을 찾아 나서면, 세 군데 빼곤 거의 찾을 길 없다. 명절날이거나 결혼식장 그도 아니면 차 축제장이다. 하지만 명절이나 결혼식장에서도 몇몇 사람만이 입을 따름이다. 결혼 예단에도 전통 한복이 명목에서 빠질 정도니 말 다한 것 아닌가? 곱고 아름다운 한복을 마음껏 보는 호사를 누릴 수 있는 곳이 오로지 차 축제장뿐이다.

"만학천봉(萬壑千峰)이 한바탕 흐드러지게 웃는 듯, 산색(山色)은 붉을 대로 붉었다. 자세히 보니, 홍(紅)만도 아니었다. 청(靑)이 있고, 녹(綠)이 있고, 황(黃)이 있고, 등(橙)이 있고, 이를테면 산 전체가 무지개와 같이 복잡(複雜)한 색소로 구성(構成)되었으면서, 얼른 보기에 주홍(朱紅)만으로 보이는 것은 스펙트럼의 조화던가?

복잡한 것은 색(色)만이 아니었다. 산의 용모(容貌)는 더욱 다기(多岐)하다. 혹은 깎은 듯이 준초(峻峭)하고, 혹은 그린 듯이 온후(溫厚)하고, 혹은 막잡아 빚은 듯이 험상궂고, 혹은 틀에 박은 듯이 단정(端正)하고, 용모와 풍취(風趣)가 형형색색(形形色色)인 품이 이미 범속(凡俗)이 아니다."

금강산의 다기(多岐)한 봉우리와 그 사이사이에 물든 스펙트럼의 조화와 같은 단풍의 아름다움을 쓴 정비석의 「산정무한(山情無限)」이다. 이글이 차 축제장의 한복 곱게 입은 여성들의 모습을 보고, 단풍 든 가을 산에 비유하여 썼다고 하더라도 하등 문제될 것이 없어 보인다. 아니 다르지 않아 보인다.

다름 속에 조화가 있고, 일체감 가운데 다양한 개성이 내재한 것이 차 축제장의 고풍의상이다. 전통이 그대로 숨 쉬고 있는가 하면 생활 편하게 현대화한 것도 있고, 단아·검박한 것이 있는가 하면 우아·화려한 것도 있다. 정비석의 말 그대로 모양과 빛깔이 형형색색이며 범속이 아니다.

한때는 차문화가 의상 문화를 활용하여 외연을 확장했지만, 이제는 전통 의상 문화가 전적으로 차문화에 기대어 버린 듯하다. 실

행림다례교육원. ©박홍관

상 전국에 산재한 수많은 차회(茶會)의 회원들이 단체복(團體服)이나 공연복(公演服)으로 한복을 한두 벌씩 따로 장만하니 어디 그 숫자가 적겠는가? 분명 오늘날의 전통 의상 문화는 차 문화의 바탕 위에 그 명맥의 실상이 보일 따름이다.

• 전통 의상 문화의 호사다마(好事多魔)

호재(好材), 호재로다! 말 그대로 좋고도 좋은 일이다. 하지만 여기에서 문제가 발생하기도 한다. 호사다마(好事多魔)는 모든 자리에 통용되는 불청객 넘버원이다. 차문화가 전통 의상 문화의 수동적 수용을 지나, 오히려 전통 의상 문화를 능동적으로 활용하면서 문제가 나타난 것이다.

많은 사람이 이구동성으로 말하는 문제의 몇 가지를 상황 문답으로 재구성해보자.

먼저 선입견을 가지고 차 문화를 꺼리는 사람과의 문답 구성이다.

"커피도 좋지만, 우리 차도 좀 마셔 보세요. 마음을 편안하게 하고 정갈하게 하는 데도 도움이 될 거예요."

"차가 너무 멀고 어렵게 느껴져요. 한복을 입고 격식을 차려야 하는 게 나와는 안 맞는 것 같아요. 오히려 자유롭게 마시는 가운데서도 다양하고 풍성한 맛의 변화가 있는 커피가 좋아요."

"차도 자유롭게 마실 수 있고, 종류에 따라 다양한 향과 맛을 즐길 수 있는데…… 어떤 경험으로 차가 멀게 느껴졌나요?"

"차 축제와 차회에 몇 번 참석할 기회가 있었어요. 처음에는 참 편안한 자리라고 생각되었습니다. 하지만 한두 번 참석하다 보니 한복이 먼저 눈에 띄더군요. 가격의 고저(高低)가 은근 뚜렷했고, 찻자리 외에선 입을 수 없는 단체복이거나 무슨 공연복이 대세였어요. 다음으로는 예법이 눈에 들어오더군요. 까다로워 보였어요. 차를 우리는 사람과 시음하는 사람은 편안하고 자연스러웠는지 모르지만, 내가 보기에는 차를 마시기 위하여 몸의 리듬과 행위를 억지 연기(演技)로 일치시키는 것같이 보였어요. 그때부터 차에 대한 관심이 멀어졌습니다."

이럴 경우에는 구시렁거리며 더 말을 이어 가기보다는 맛있는 차를 부담 없이 권하는 것이 가장 좋을 것이다.

다음은 일반 차회 회원과의 문답 구성이다.

"한복이 곱기도 하지만 새로워 보이네요. 차를 우리고 마시기 위해서는 그렇게 변화·개량된 생활 한복이 편하겠습니다. 그 차회 회원들이 똑같이 맞춰 입은 걸 보니 단체복인가 봅니다?"

"예, 이건 추운 계절에 입는 단체복입니다. 따뜻한 철에 입는 단체복은 따로 있습니다. 제가 다른 지역에서 차회 활동을 하다가 이 지역으로 주거지를 옮겨 오면서 여기 단체에 가입했습니다. 교육의 동일성도 없었지만, 이 단체복 때문에 몇 번을 망설였어요. 이전의 차회에서 맞춘 단체복이 있었거든요. 참 아쉬워요. 차인이 지녀야 할 덕목인 화(和)는 개성의 조화인데 말입니다. 똑같은 디자인에 통일된 색상, 다르지 않은 옷감…… 조화(調和)라기 보다는 획일(劃一)인 것 같아요. 단체복에 대한 새로운 접근이 필요하다고 생각됩니다."

"단체복이 집단 소속감과 참여 안정감을 준다고 봐요. 그래서 차회를 만들거나 이끄는 분들이 단체복을 정하려 하지요. 문제는 다른 단체와 교류하면서 또 차문화 공연에 참가하면서 화려한 색감과 디자인으로 자주 바뀌는 것이에요. 찻자리에 어울리던 차분한 옷감과 단정한 디자인이었던 것이 되레 천상선녀복(天上仙女服)이나 무희복(舞姬服)처럼 퇴행하는 경우도 있지요. 이러면 옷의 중복 맞춤도 문제지만 가격의 부담 또한 적지 않게 됩니다. 차의 정신과는 사뭇 멀어져 버리는 것이지요."

"맞습니다. 저는 어수선한 분위기에서의 공연 문화화한 차 행사에 몇 번 참석했지만, 결코 즐거운 일은 아니었습니다. 화려한 공연복장에 퍼포먼스까지 곁들인 단체를 보고서 다시는 참가하고 싶지 않았습니다. 차인의 몸가짐과 행동거지가 핵심이 되어야 함에도 옷과 보여주기 쇼가 중심이 되어버리니 절망감까지 들었어요. 옷은 차를 마시는 사람의 내면이 투사된 등댓불이기도 합니다. 요란하지 않으면서도 의연하고, 소박하면서도 단아한 모습. 덩그마니 솟았어도 멀리를 비추는 등대 같은 옷이 최고지요."

말에 한 치의 틀림도 없고, 더 토를 달 필요조차 없으니 묵묵히 차를 마실 수밖에….

마지막은 한 차회를 이끄는 선생, 회장과의 문답 구성이다.

"차회 단체복이 한복으로 만든 교복이나 무대 공연복장 같아서 활용도가 떨어진다고들 말하는데 어떻게 생각하시는지요?"

"고민해야 할 문제입니다. 차 우리기 편하고, 행동을 자유롭게 하기 위해서는 전통 복장의 변화·개량이 필요합니다. 다만, 이 개량으로 말미암아 일상 예절 자리에 어울리지 않는 옷이 되기도 하지요. 그렇다고 단체복을 맞추지 않을 수는 없어요. 회원 개개인의 개성이 뚜렷하다 보니, 각자의 취향으로 옷을 입게 하면 색감이나 디자인의 부조화뿐 아니라 위화감까지 조성될 수 있기 때문이에요. 단체복은 양날의 검처럼 어느 한 쪽을 쉽게 잡을 수 없게 하는 그 무엇이라고 생각합니다. 혹시 좋은 방법 없을까요?"

"시대의 변화는 그 어떤 것도 그대로 두는 법이 없습니다. 변화시킨 개량 한복이 생활 예절 자리에 어울리지 않는 것은 결코 아닐 것입니다. 이미 우리네 생활 방식이 옛날의 것을 현대식으로 변화·개량시킨 것이니까요. 그런데 이런 변화된 모습도 여성보다는 남성 쪽에 훨씬 관대하고 자유롭습니다. 어떤 전통 격식을 차리는 자리에서도 남성의 복장은 양복이 대세이지요. 남성은 양복으로 한복을 대체해도 군말하지 않으면서, 여성이 한복을 목적에 맞게 개량해 입으면 무어라 하는 것은 모순입니다. 변화하는 시대에 맞게 대응하는 것이 그나마 전통을 오래도록 지킬 수 있는 유일한 길일 것입니다. 전통의상도 마찬가지입니다. 다만, 너무 목적에 치우쳐 원형의 미를 없애버리거나 격식을 도외시한 양식이어서는 안

되겠지요."

"옳습니다. 원형은 원형대로 변화는 변화대로 가치가 있습니다. 일상적인 예식 자리에는 전통적인 원형의 한복이 격식에 더 합당하다고 할 수 있겠지요. 하지만 차회 행사를 위한 자리에는 부분 변화된 한복이 더 합리적인 옷일 것입니다."

"차회 회원의 단체복도 전체적인 이미지의 통일성을 지키면서 몇 가지의 형식이나 옷감, 색감 중에서 선택하게 하는 것은 어떨까요?"

"전적으로 동의합니다. 게다가 일상에서의 활용도가 많은 옷이어야겠지요. 물론 단아(端雅), 검박(儉朴)하면 더욱 좋을 것이고요. 이런 개성과 통합의 균형이 바로 인화(人和), 물화(物和), 심화(心和)의 조화로움일 것입니다. 차인의 고풍의상은 절제미(節制美)를 바탕으로 통일성과 다양성, 동일성과 차이성을 드러내야 합니다. 이렇게 하면, 교복 같다는 이미지와 한복 때문에 차회 가입이 꺼려진다는 부정적 기류를 조금이나마 극복할 수 있을 것입니다."

"중국 차인 역시 민속복장인 치파오(旗袍)만 고집하지 않고, 다양하게 개량한 복장을 선호하는 걸 보았어요. 같은 차회의 회원들도 형태나 색상을 조금씩 달리하여 통일성과 개성을 동시에 추구하고 있었고요. 일본도 기모노를 기본으로 입으면서도 똑같은 옷감, 색상으로 통일하지는 않고요. 우리가 참조해야 할 방향인 듯싶어요."

여기서 무얼 더 말할 필요가 있겠는가? 옷은 개인에게도 몸과 마음의 조화에서 나타난 개성의 산물이고, 단체에 있어서도 개개의 특성과 일체감이 조화를 이룬 개성의 산물임이 분명하다.

여태껏 그랬던 것처럼 지금도 차회 회원들과 결부지어 왈가왈부 내뱉는 한복 이야기는 빗방울만큼이나 많을 것이다. 하지만 그 실상은 도리어 긍정적이라 함이 마땅하리라. 차 문화와 한복 문화에 대한 애정의 깊이에 비례하여 표현했음이 분명하기에.

• "나는 이 밤에 옛날에 살아"

최근 중국 누리꾼들이 중국당국의 묵인 아래, "한국 전통문화에는 중국 양식의 유물이 많다. 한국의 한복 또한 중국의 것이다"라고 주장하며, 한복을 자국 문화로 편입하려는 동북공정 논리를 펼치고 있다. 문화의 본질을 무시한 참으로 후안무치(厚顔無恥)한 작태이다.

문화는 한 사회의 개인이나 인간 집단이 자연을 변화시켜온 물질적·정신적 과정의 산물이다. 하여 특정 문화일지라도 거기에는 특정을 뛰어넘는 가치가 있고, 그 가치에는 인간의 이성과 감성, 철학과 사상, 지성과 감성이 혼재되어 있다. 한복은 단순한 옷의 개념이 아닌, 우리 민족의 모든 가치체계를 내포한 의상문화이다. 중국이 아니라 어떤 무엇도, 한복 문화를 왜곡, 탈취할 수 없다.

우리의 고풍의상은 진정 아름다우면서도 곱다. 마음과 몸을 아름답고 정갈하게 만드는 화(和)의 산물이며, 정(精)의 정수이다. 전통이기에 무조건 지켜야 한다는 박물관 박제물이 결코 아니다. 우리 민족 자존의 문화적 상징물 중 하나이다.

고풍의상! 한복은 차로써 내면의 삿됨을 지워나가려는 차인들이 계승·발전시켜 나가야 할 소중한 우리의 문화유산이다.

녹차의 오미론(五味論)

• 그리움에 지치거든

살다보면 한 잔의 차로 그리움도 아름답게 그려 볼 수 있고, 비록 가슴은 아프지만 기다림도 충분히 길게 참을 수 있다. 오세영의 「그리움에 지치거든」을 보면 그 이유가 선명하게 보인다. 한 잔의 차에는 분명 그리움 같고, 기다림 같은 오묘(奧妙)한 맛이 있다.

그리움에 지치거든
나의 사람아
등꽃 푸른 그늘 아래 앉아
한 잔의 차를 들자

들끓는 격정은 지고
지금은
평형을 지키는 불의 물
청자 다기에 고인 하늘은
구름 한 점 없구나

누가 사랑을 열병이라 했던가
들뜬 꽃잎에 내리는 이슬처럼
마른 입술을 적시는 한 모금의 물

기다림에 지치거든
나의 사람아
등꽃 푸른 그늘 아래 앉아
한 잔의 차를 들자

사람들은 격정을 겪고, 열병을 앓고, 평형을 되찾고. 그러면서 산다. 삶에는 희로애락애오욕(喜怒哀樂愛惡慾)이 늘 뒤섞여 순서도 없이 앞서거니 뒤서거니 왔다 간다. 이럴 때 필요한 것이 술이고 차다. 술은 괴로움을 잊게도 하고, 즐거움을 파도처럼 출렁이게도 한다. 그런 마음을 일순 백지로 만들거나 배가(倍加) 시키는데 단연 술이 최고다. 하지만 차는 술과 다르다. 괴로움이 더 깊게 느껴지게도 하고, 즐거움이 잔잔한 물살처럼 느껴지게도 한다. 차분히 돌아보게 하고, 넌지시 앞을 바라보게 한다. 그래서 옛사람들이 주취차역취(酒醉茶亦醉)라고, 술에 취하듯 차에도 취한다고 한 것이다. 술이 그렇듯 차에는 인생의 오묘한 맛이 다 들어있다.

• 녹차의 맛은 삶의 맛

세월의 한참 저편이라, 차를 처음 마셨던 기억은 희미하다. 하지만 분명 즐겁고 유쾌한 기억으로 남아 있다. 생래적(生來的)이거나 문화적 호기심이었겠지만, 그 맛에 그대로 빠져버렸다. 지나보면 세월이 얼마나 빠른가? 어찌어찌 그렇게 마시다 보니, 이제 머리에 희끗희끗 서리까지 내비치고 있다.

각설하고, 차를 마시며 항상 느끼는 것이 찻물의 그 맛보다는 그 너머의 보이지는 않으나 분명 자리하고 있는 또 다른 '맛'이다. 굳이 이름 붙이면 모음이 하나 바뀐 '멋' 이랄까? 그도 아니면 '삶의 맛'이랄까?

구수하면서도 떨떠름하고, 쓴듯하면서도 은은한 단맛. 구수한 생활이 계속되겠지 하다가도 떫어서 진저리쳐지는 생활. 어디 그것뿐인가? 쓰디쓴 삶으로 구렁텅이에 빠진 듯하다가도 어느새 세월 끝자락에 행복한 단맛이 기다리고 있는 생활. 인생의 '멋'이며, 삶의 '맛'이다. 아니, 그것은 차의 '멋'이고 차의 '맛'이다.

• 녹차 오미의 허실

미각기관인 혀의 위치에 따라 느낄 수 있는 기본 맛은 단맛, 짠맛, 신맛, 쓴맛의 4종류이다. 그런데 일반적으로 음식에서는 매운

술이 그렇듯 차에는 인생의 오묘한 맛이 다 들어있다. ©박홍관

맛을 넣어 오미라고 한다. 하지만 매운맛은 혀를 통하여 느끼는 미각이 아니라 구강점막을 자극하여 느끼는 통각(痛覺)이다.

간혹 차 마시는 자리에 끼어 있다 보면, 차의 오미(五味)에 대해서 듣게 된다. 개념도 모호하고 너무 주관적이라 설득력이 없는 것이 분명 차의 오미이다. 그런데도 어찌된 일인지 차를 제법 마셨다는 분들이 차의 품질을 논할 때 이 오미(甘, 鹹, 酸, 苦, 辛)를 자주 등장시킨다. 그럴 때마다 당혹하고 답답하다.

"녹차에는 분명 '단맛', '쓴맛', '떫은맛', '감칠맛', '구수한 맛', '신선한 풋비린맛' 등의 오미 이상이 있고, 이것이 결합 되어 무어라 설명하기 힘든 오묘한 맛을 내는 것은 알겠는데, 짠맛과 신맛과 매운맛을 나는 왜 못 느낄까?"

물론 이 여섯 가지도 감각의 영역이 다르기에 맛으로 표현하는 것이 올바른지 고민된다. 왜냐하면, 떫은맛은 혀에서 느껴지는 미각이 아니라 입안의 점막이 수축되는 압각(壓覺)이고, 구수한 맛과 비린 맛은 후각 영역에 속하며, 감칠맛은 복합적 느낌이기 때문이다.

여하튼 오미를 이야기하는 사람은 분명 그 다섯 가지를 스스로 느낀다고 한다. 그런 사람에게 슬쩍 떫은맛과 구수한 맛과 비린 맛과 감칠맛을 얘기하면, 다섯 가지 맛에 다른 맛도 있다고 한다.

물론 오래된 녹차나 보관이 잘못된 차 중에는, 시큼하면서도 뜬듯하고 또 매캐하면서도 칼칼한 듯 느껴지는 것도 있다. 하지만 정상적인 방법으로 만들어져 유통되는 녹차에서는 결코 찾을 수 없

차의 맛은 오롯한 인정(人情)의 맛이다. ©박홍관

는 느낌이다. 그런 감각이 느껴진다면 이미 그건 차로서의 기능을 다한 것이다.

맛의 구체화를 위하여 녹차의 주성분과 그 감각의 상관성을 한 번 살펴보자.

차에는 폴리페놀, 데아닌 등의 각종 아미노산류, 카페인, 미네랄류, 비타민류, 플라보놀, 유리당, 칼륨 등의 다양한 성분이 들어있다. 이 중에 폴리페놀은 떫은맛, 테아닌은 감칠맛, 각종 아미노산은 단맛과 신맛, 카페인은 쓴맛을 지니고 있다. 이 성분들이 불을 만나 차로 만들어지면서 단맛과 쓴맛, 떫은맛, 구수한 맛과 풋비린맛, 감칠맛이 오롯해져 오묘한 맛을 띄게 된다. 원래 있던 신맛은 잘 만들어진 차에서 나지 않다가, 보관이 오래되거나 유통상의 문제가 발생했을 때, 매캐하고 묵은 뜬맛과 함께 나타나는 것이다.

차에는 분명 오미가 있다. 미각으로서의 오미가 아니라, 입으로 넘기면서 감지되는 다섯 가지 이상의 오묘한 맛의 느낌이다. 오묘한 맛 속에는 그 누구는 신산(辛酸)함을 느낄 수 있다. 차의 맛이 시고 매운 것은 우리네 인생이 힘겹고 아프기 때문이리라. 또 누구는 달고 구수한 맛에 취할 수 있다. 역시 우리네 삶이 따뜻하고 행복하기 때문 아니랴? 차의 맛은 바로 인생의 맛이기에…….

여기서 다만 한 가지만 조심하고 삼가면 될 일이다. 차의 맛에 대한 주관적 느낌을 일반화하여 주절주절 내뱉거나, 타인에게 그 느낌을 강요하지 않는 일. 차는 개인의 기호가 온전하게 구현되는 음료일 뿐이며, 자신의 안을 비추어주는 맑은 거울에 다름 아닌 것. 차는 그냥 차 맛, 인생에서 늘 함께하는 멋의 맛으로 그냥 즐기고 다만 마시면 되는 것.

• 녹차의 짠맛 타령

"차를 짜게 마셔 보세요. 그래야만 차의 맛을 온전하게 볼 수 있습니다. 오래도록 차를 마시다 보면 저절로 차가 짜게 됩니다. 지금 제가 차를 짜게 우렸지만 쓰고 떫은 맛보다는 단맛이 목젖을 타고 올라오는 것이 일품입니다. 어때요? 이 차의 맛."

"……"

자기 혼자만 그리 마실 일이지. 괴로울 뿐이다. 차 대접한다고 사람 불러 놓고 고문하는 것과 다르지 않다.

"저는 짜게 마신다기에 무슨 아홉 번 구운 죽염차(竹鹽茶) 내는 줄 알았습니다. 제가 못나서 그런지 맛의 오묘함을 제 수준에서 간파하기 힘들군요."

솔직한 심정이다. 난 죽염차가 있어도 마시지 않겠지만, 진하다 못해 진-하게 우린 사약 같은 차가 싫을 따름이다. 그리고 '짜게 우린다'는 표현도 영 거슬린다. 요즘 찻자리에 '짜게 마신다'는 표현이 넘친다. 어느 순간 차 좀 마셨다 하는 사람들 입에서 유행처럼 하는 말이다.

맛을 뜻하는 형용사 '짜다'의 사전적 의미는 '소금과 같은 맛이 있다'와 '(속되게) 인색하다'이다. '차를 짜게 우린다는 말'은 차를 많이 넣고 진하게 우린다는 의미보다는 차를 조금 넣고 묽게 우린다는 뜻에 오히려 가까움을 알 수 있다. 비판 없이 관습적으로 사용되는 잘못된 표현을 따라 하는 것은 문제다. 하지만 더 큰 문제는, 차를 진하게 우려 마시는 것을 오래도록 차를 마신 사람의 훈장처럼 여기는 거들먹거림이다. 여기에 중정의 도(中正之道)는 간 곳이 없다. 적당해야 한다. 적당해야만 중정이 이루어진 맛을 볼 수 있고, 찾을 수 있다. '차 한 잔의 시간'은 고요히 나를 돌아보는 시간이고 나를 거두는 시간이다.

들끓는 격정은 지고

지금은

평형을 지키는 불의 물

청자 다기에 고인 하늘은

구름 한 점 없구나

둥근 찻잔에는 구름 한 점 없는 하늘이 평형의 물이 되어 따뜻하게 찰랑인다. 바로 이 한 잔의 차에는 인생의 오묘한 맛이 모자람 없이 들어있다. 행복한 단맛이 있고, 괴로운 쓴맛에다 목메는 떫은맛까지 있고, 원숙함의 구수한 맛과 철 이른 풋비린맛도 있다. 뿐인가? 온갖 맛이 곁들여진 감칠맛도 있다.

차에는 오미를 넘어 훨씬 깊고 넓은 맛의 세계가 들어있다. 인생이 깊고 넓듯이. 차에는 오묘한 맛이 가지가지 숨어 있다. 인생이, 삶이 그러하듯이.

찻물론(茶水論)

• 차는 물의 신(神), 물은 차의 체(體)

"산자수명(山紫水明)한 곳이지요. 그곳에서 뛰놀던 때가 지금 생각해도 가장 아름다운 한 시절이 아니었나 생각됩니다."

시골에서 태어나 자란 사람들에게, 고향의 산천은 늘 이렇게 "산은 빼어나고 물은 거울처럼 맑다"는 기억으로 저장되어 있다. 첩첩한 산 골골마다에 쉼 없이 샘솟는 물. 물의 기억은 더없이 명징(明澄)하고 청청(淸淸)하기만 하다.

그러기에 이 물은 우리 삶의 가슴 한복판으로 들어와 생명의 젖줄이 되어 평생토록 지배한다. 삶이 평화로운 것도, 사람들이 인정스러운 것도, 음식 맛이 일품인 것도 모두 물 때문이라 생각한다. 물이 좋지 않으면 이 모든 것이 무너지리라는 생각. 우리의 의식 안에서 물은 늘 투명하게 찰랑대고 있는 것이다.

「다신전(茶神傳)」을 보면, 차 한 잔을 마실 때에도 물이 얼마나 절대적인가를 알 수 있다. "차(茶)는 물의 신(神)이요, 물은 차의 체(體)이다. 좋은 물(眞水)이 아니면 그 신(神)이 나타나지 않고, 좋은 차(眞

茶)가 아니면 그 체(體)를 볼 수가 없다."고 하였다. 제대로 된 물과 제대로 된 차가 만났을 때 차의 생명력이 살아남을 설파한 것이다. 물을 바탕으로 펼쳐지는 차의 세계. 차와 물은 불이(不二) 이며 일체(一體)의 세계이다.

• 찻물을 찾아서

성현(成俔, 1439~1504)이 쓴「용재총화(慵齋叢話)」에 찻물과 관련된 다음과 같은 재미있는 일화가 실려 있다.

여말선초(麗末鮮初) 때의 사람인 성석인(成石因)과 기우자 이행(騎牛子李行)은 친분이 두터운 사이였다. 하루는 기우자가 성석인을 찾아갔다. 성석인은 그의 아들에게 차를 달이게 했는데, 찻물이 넘쳐 조금 모자라자 다른 물을 보태었다. 기우자가 맛을 보고는 그에게 하는 말이 "네가 이 차에 두 가지 물(生水)을 부었구나."하였다. 기우자는 조선의 찻물(茶水)로 충주(忠州)의 달천수(達川水)를 제일로 삼고, 한강의 우중수(牛重水)를 다음으로 삼았으며, 속리산(俗離山)의 삼타수(三陀水)를 세 번째로 꼽았다.

신이하고 새미있지만 허황된 옛날 얘기일 뿐이라고 누가 쉬이 말 할 수 있겠는가? 곱씹으면 정수리에서 찬바람이 쏴쏴 일어나게 하는 일화이다. 오늘날 우리가 사용하는 찻물은 어떠해야 하는가? 우리의 자연환경은 옛날과 어떻게 다른가? 생각이 깊어지지 않을 수 없게 만든다. 현재 달천수(達川水)나 우중수(牛重水)는 찻물로 아예 쓸 수가 없다. 삼타수(三陀水)는 어딘지 명확하지 않으나 역시 찻물로 사용할 수 없을 것임이 분명하다. 강물이 오늘날 마시는 물로서 가당키나 한가? 솔직히 말해, 깨끗한 물이 넘쳐흐르던 옛날이라 하더라도 뭔가 개운치 않을 것 같은 느낌이다. 오늘날과 달리 옛날엔 곳곳에 맑고 깨끗한 석간수가 적지 않았을 것인데 굳이 강물이랴?

"차를 즐겨 드신다던데 찻물은 어디서 길어 오십니까?"

이삼십 대 시절 같았으면, 찻물 길어다 먹는 것을 무슨 무용담처럼 자랑스럽게 읊었겠으나, 그것도 이미 심드렁한 일이다.

"예, 저는 「청나사」 물을 길어다 차를 달입니다. 남들은 무미건조하다고들 말하지만, 차의 본질을 드러내는데 적합한 찻물이라 생각합니다. 멀리 물 뜨러 다니느라 시간 낭비도 않고, 즉시에 길어다 쓸 수 있으니 더욱 좋지요."

"청나사는 어디에 있습니까? 바로 길은 생수 맛이 어떤지 궁금합니다."

"예, 아주 가까운 곳에 있습니다. 뜨거운 물이 필요해도, 사각얼음 덩어리가 소용 있어도, 그때그때 만들어져 제공되는 화수분 같은 곳이지요. 고개 한 번 돌려 보세요. 저곳에 우뚝하니 서 있네요."

석간수 담긴 찻잔의 꽃잎. ©도륜스님

"……"

실망한 표정들이 역력하다. 내가 무슨 '물 도사(水道士)'이기를 바랐던 것일까? 그런 사람들에게 '청나사' 물이 청호나이스 정수기 출신의 물임을 밝히면, 나를 차의 ABC도 모르는 사람처럼 본다.

그러나 그들은 알까? 차를 좀 마신 사람치고 찻물 기행 안 해본 사람이 드물다는 것을. 물을 찾아 이리저리 떠돌기도 하고, 어느 순간 운명처럼 조우한 연인이듯 썩 괜찮은 물을 계속 길어다 먹기도 하고, 또 그러다 어느 순간 이럴 필요가 있을까 하고 고민하다가 그것도 그친다는 것을.

20대 시절이다. 쌍계사 금당(金堂)의 옥천(玉泉)이 음·양수의 두 샘물임을 알고, 선방 하안거(夏安居) 중에 물통 두 개를 들고 슬쩍 들어갔다. 앞뒤 가리지 않는 젊은이의 기상이 가상하게 보였을까? 조용히 물을 길어 가라는 한 스님의 배려로 음수와 양수를 각각 담아와 차를 달여 마실 수 있었다. 지금 생각해도 피식 웃음이 나오는, 한때의 풋풋한 열정이 낳은 얼치기 같은 일화다.

찻물 기행. 차를 향한 한때의 열정적인 바람일 수도 있고, 차의 맛을 극대화시키고자 하는 사람의 평생의 과업일 수도 있다. 하지만 우리가 알아야 할 명백한 진실은 차는 늘 언제나 그 자리에 있다는 것. 맛에만 빠져 좋은 찻물 찾아 떠돈 것이 그리 자랑스러운 일도 아니며, 차생활의 본질이 결코 아니라는 것이다.

차의 맛과 차생활의 멋은, 단순하고 간편한 데서, 줄이고 비우는 데서, 가깝고 사소한 데서 출발하고 끝이 난다. 찻물 기행 또한 다르지 않다.

• 찻물의 선택

누구에게나 문턱 없이 항상 열려있다는 어느 차 선생님의 차실을 지인과 방문한 적이 있다. 간결하면서도 운치 있는 차실은 선생님의 인품과 심미안을 그대로 드러내고 있었다. 선생님은 안 계셨으나 방문한 사람이 언제든지 차를 우려 마실 수 있게 준비되어 있었다. 우리도 마치 차실의 주인인양 마주 앉아 옹기 안의 찻물을 길어 녹차를 우려 마셨다. 바람 불어 좋은 가을날에 시골 마을 끝자락에 위치한 차실에서의 고요하게 마시는 차 한 잔. "차의 맛을 분별하는 것은 진흙에 도장을 찍는 것과 같다(分別味印泥)"는 시구가 저절로 떠올랐다. 말없이 차를 몇 잔 기울이는데, 같이 마시던 사람이 불쑥 찻물에 대하여 아쉬움을 토로했다.

"물이 차 맛의 바탕인데 수돗물을 찻물로 준비해 두다니 참 뜻밖이군요. 난 수돗물의 염소 소독제가 살아 있는 차를 죽인다고 생각합니다. 준비해 둔 다른 차를 마시고 싶은 생각마저 없어지는군요."

말을 보태면 찻자리는 산만해진다. 가만히 선생님만의 특별한 철학이 있을 것이리며 말을 덮었다. 다음에 선생을 만나 수돗물을 받아 둔 이유를 여쭤보면 될 일 아니던가?

"심 선생. 나는 찻물은 우리의 일상에서 찾아야 한다고 생각하네. 가장 단순하고 소박하게 생활해야 하는 삶이 차인의 삶일 것이네. 차를 마시는 사람이 찻물을 찾아 화석연료를 낭비하며 돌아다니거나, 비싼 생수를 사용하는 것에 대하여 나는 전혀 동의할 수 없다네. 내가 거처하며 차를 마시는 공간 안에서만이라도 내 뜻을 펴고 싶어서 이 시골 동네의 수돗물을 그대로 찻물로 쓴다네. 그런데 그렇게 차를 마시기 힘들었는가?"

수돗물을 찻물로 사용하는 이유를 묻는 나에게 뒷날 선생이 해준 말이다. 선생의 고매한 뜻은 아름다우나 나도 속마음을 슬쩍 내보였다.

"선생님. 솔직히 차 맛은 없었습니다. 옹기 안에 하루 이상 재워둔다고 하더라도 정수하지 않은 수돗물이 차 맛을 떨어뜨리는 것은 분명합니다. 자연 친화적이면서도 차 맛을 죽이지 않는 찻물이 필요할 것 같습니다. 오롯하게 차의 맛을 즐기고자 하는 사람들에 대한 배려도 아주 중요하다고 봅니다."

한 두어 달이 지났을까? 겨울이 한참 깊어갈 쯤, 선생님과 함께 차실에 앉아 차를 마셨다, 나의 머릿속은 "수돗물 그대로일까? 다르게 정제했을까? 어디서 길어 온 물을 사용할까?" 온갖 생각으로 회로가 고장 날 것 같았다. 나의 내심을 읽었을까?

"심 선생의 말을 듣고 나도 생각을 조금 바꿔 보았네. 예(禮)의 근본이 배려라는 말에 전적으로 동의하네. 옹기 안을 한 번 들여다보게나. 내 나름대로 고안한 정제 방법이라네. 자, 그럼 차를 한 번

찻물 끓이는 돌솥. ©박홍관

마셔 보세나."

물맛이 많이 변해 있었다. 눈살도 마음살도 찌푸리지 않고, 주위의 자연을 보며 차 맛을 여유롭게 즐겼다. 차인의 배려심과 찻물의 변화 앞에 마음까지 화평해지는 느낌이랄까? 인심과 물맛이 어우러진 최고의 찻자리였고 차 맛이었다.

일전에 찻물에 대하여 생각을 정리하다가 끄적거려 본 「찻물 긷는 그대」라는 졸시다.

그대여

무슨 바람 불어 찻물 길으시는가?

물레 잣듯 사랑은 굽이굽이 아리는데

애써 숨 쉬다 보면

푸석한 가슴 적시는 건

한 바가지 청정한 석간수인데

그대여

무에 애써 찻물 길으시는가?

퍼내도 퍼내도 그리움만 시려오는데

잠시 한 숨 멈추다보면

허허로운 마음 채우는 건

한 사발 알싸한 두견주인데

사랑은 가슴으로 가만가만 흐르는 것

드문드문 마음으로 그리움은 피어나는 것

정녕 그대여

그대

어찌 찻물 길으시는가?

후두두후두둑

후박나무 비긋듯

아리고 시린 무엇 비울 일 있으신가?

푸석하고 허허로움 채울

담담정정

정화수 길을 일 있으신가?

가만가만

그림이 되어

찻물 길으시는 그대.

차를 마시는 사람들 중에는 찻물로 차인의 진정성을 찾으려는 태도를 보이는 이도 있다. 또 더러는 일상다반사를 찻물에서부터 적용하며 어떤 물이든 가리지 않고 무심하게 접근하기도 한다. 차의 세계로 가는 길은 천갈래 만갈래 길(茶道千有路)이다. 찻물의 선택도 역시 마찬가지이다. 여기에는 어떤 우열성이 찾아지지도 않고, 사람마다의 생각의 차이만 읽혀질 뿐이다. 멀리서 길어 온 석간수이든 주위의 수돗물이든 아니면 정수기에서 받아둔 물이든.

더불어 마시는 찻자리에서의 차 맛은, 인품의 맛과 물의 맛이 조화로울 때 가장 일품이다. 혼자서 신(神)하게 마실 때에야, 어떤 방식으로 마시든 또 어떤 물로 마시든 개의할 필요가 없다. 하지만 어우러진 자리는 다르다. 인품의 맛과 차의 맛을 오롯하게 드러내야만 한다. 그러기 위해서는 자연을 훼손시키지 않으면서도 차맛을 떨어뜨리지 않는 나만의 찻물을 가져야 한다.

천성이 게으른 나는, 한때의 찻물 기행도 까맣게 잊고 아주 가까운 데서 찻물을 찾았다. 그래도 뭔가 아쉬움이 있어서인가? 사람들이 찻물을 물을 때마다 은근슬쩍 '청나사' 물이라고만 한다. 세상 어디 하나쯤 있을 것 같기도 한 조그만 절 이름 같은 '청나사'.

언제 바뀔지는 모르나 현재 나의 찻물 선택은 아주 단순할 뿐이다. 애쓰지 않고 손쉽게 구할 수 있는 물. 차의 맛을 물맛으로 변화시키지 않고 그대로 즐길 수 있는 물. 언제든지 길어다 쓸 수 있는 물이다. 게으른 내가 찾은 나만의 물, 자기 합리화의 물이다.

행다론(行茶論)

• 행다(行茶)의 언어적 접근

"○○○님께서 '행다(行茶)'를 하시겠습니다.",

"○○회의 '행다(行茶)'하는 모습은 절제미가 있어 참 좋아."

위 인용된 말에서 '행다(行茶)'라는 용어는 과연 바르게 표현된 것일까?

'행다'의 '행(行)'은 동작 '하다'를 드러내는 동사이고, 다(茶)는 마시는 차를 지칭하는 명사로서 '차를 행하다'란 뜻이다. 현재 우리가 종종 내뱉는 '행다(行茶)를 하다(行)'에서처럼 행다(行茶)가 명사로 쓰이지만 실제로는 명사어가 아니다. 오늘날의 '행다(行茶)'를 하다."처럼 사용한다면 "차를 행하는 것을 행하다"로 된다. 옛 문헌의 '다례를 행하다(行茶禮)', '차연회를 행하다(行茶宴)' 등을 보면 알 수 있다. 고려 말의 문인인 안축(安軸)의 「근재집(謹齋集)」에 '평소처럼 차를 행하였다(行茶如常)'는 구절이나, 조선 중기의 학자 김중청(金中淸)의 「구전집(苟全集)」에 '마주 앉아 차를 행하였다(對坐行茶)'라는 구절, 조선 후기의 문신 신유(申濡)의 시집 「죽당집(竹堂集)」에 '홍장로를 방문하여 만나보고 차를 행하였다(洪長老見訪行茶)'라는 구절이 있다. 이를 보면, 고려부터 조선까지 시대를 막론하고 '행다(行茶)'가 '차를 행하다'임을 알 수 있다. 현대의 명사화된 활용과 달리, 동사로 완전 활용되었음은 두말할 필요가 없다.

언어는 신생(新生) 성장(成長) 사멸(死滅)의 과정을 거치기 마련이다. 시대와 문화의 변동에 따라 새로운 어휘가 생겨나고, 의미 변화도 일어나며, 점차 사라지기도 한다. 이로 보면, '행다'나 '행다례' '차회 활동'을 하면서 차를 즐겨 마시는 사람이라면, 신생·성장·사멸이라는 언어의 역사성에 딴지를 걸기보다는 잘못 이해되고 왜곡된 '행다'의 올바른 의미를 찾는 데에 뜻을 두어야 함이 마땅하다. 소위 오늘날의 '행다'는 차를 우리고 마시는 행위에 그 절대적 의미를 두고 있다. 수많은 차회, 다도 교육 현장이 대동소이할 것이다.

• 행위적 요소로서의 행다

보성군에서 발표한 가장 일반화된 행다의 예절과 순서를 한번 보자.

1. 주인과 손님은 찻자리에 앉아 예를 갖추어 인사를 나눈 후 자리에 앉는다.
2. 주인은 차상보를 걷어 오른쪽 바른 위치에 놓고 물 식힘 사발도 차상보 앞 제자리에 놓은 후 탕관에서 끓인 물을 붓는다. 이때 물의 양은 잔의 수만큼 데울 양이면 된다.

안동 봉정사 매화차회. ©하지권

3. 물 식힘 사발을 들어 다관에 물을 따른다. 뚜껑을 닫고 오른손으로 다관을 잡고 잔에 왼편 아래에서 위로 차례대로 따른다.
4. 두 손으로 차통을 갖고 와 뚜껑을 열고 제자리에 갖다 놓으면서 차시(茶匙)를 가져온다. 차를 두 번에 걸쳐 다관에 넣은 후에 물식힘 사발에서 식은 물을 다관에 천천히 따른다.
5. 차가 우려지는 동안 찻잔 예열한 물은 시계 방향으로 천천히 한 바퀴 돌린 후 물식힘 사발에 버린다.
6. 다관을 오른손으로 잡아서 엄지를 다관 뚜껑을 살며시 누르면서 왼손을 오른쪽 엄지를 살짝 가리면서 정성스럽게 차를

따르기 시작한다.

7. 차를 공손하게 손님에게 권한다. 차를 마실 때는 모두에게 차가 돌아간 뒤까지 기다리는 것이 예의이며 주인이 '차 드십시오'라고 할 때 '잘 마시겠습니다'라고 인사를 한 후 연장자가 잔을 들기를 기다린다.
8. 잔을 두 손으로 감사하는 마음으로 공손하게 왼손바닥 위에 받치듯이 놓고 오른손으로 감싸면서 마신다.

다도(茶道)에서의 최고미가 행다라고 하는데, 위의 내용에는 오로지 주객(主客)이 갖는 행위적 요소만 부각되어 있을 뿐이다. 마치 행다의 정의를 찻자리에서 차를 우리고 나누는 행위라고 내린 듯하다.

• 정신적 요소로서의 행다

행다는 차를 우리는 단순한 행위적 요소 이전에 맑고 투명한 정신세계가 내재 되어 있어야 한다. 다도용심(茶道用心)이라고 했다. 차의 길은 마음을 쓰는 일에서 비롯된다, 다도의 본질이 바로 마음을 닦고 쓰는 것에 다름 아니라는 말이다. 행다는 마음 씀의 고갱이며 핵심이다. 찻자리를 펼치기 전에 좋은 찻물을 긷고, 적당한 차도구를 고르고, 부담 없는 다식을 준비하며, 적절한 차를 선택하는 모든 것이 다도용심이며 그게 바로 행다이다.

여러 찻자리를 경험하다 보면, 행다는 겸양(謙讓)이 시작이고 배려(配慮)가 끝임을 알게 된다. 겸양과 배려가 다름 아닌 다도용심의 또 다른 이름임을 깨닫게 되는 것이다.

경험한 몇 가지 얘기를 보따리 풀 듯이 해보자. 찻물과 관련해서다. 초대받아 간 찻자리에 ○○수 물병이 가득 쌓여 있었다. 생수 가격만 해도 적지 않을 듯하여 여쭤보니, "여러 생수를 사서 시험했는데 이 물이 차를 가장 맛있게 하더군요. 그래서 늘 이 물로 차를 달여 마십니다. 남들은 산수(山水)가 좋다느니, 정수기가 낫다느니 하지만 나는 이 물을 고집합니다. 차만 맛있다면 돈이 전혀 아깝지 않아요. 선생님은 어떤 물을 찻물로 씁니까?"

또 어떤 차인 댁에서 받은 특급 대우 한 토막이다. 도금(鍍金) 다관과 도금 찻잔이 휘황찬란했다. 도요토미 히데요시(豊臣秀吉)가 슬그머니 떠올라 화려한 분위기와 달리 기분은 썩 유쾌하지 않았다. "이 다관과 찻잔은 ○○○ 선생님께서 만든 것입니다. 오늘 특별히 최고의 차도구로 대접합니다. 오늘은 최고만이 누릴 수 있는 최고의 찻자리입니다."

"이 차 어떻습니까? 제가 우리 차를 마셔 온 세월이 몇 십 년인데, 그 중 이 차가 기운도 맛도 최고입니다. 이 차를 안 뒤부터는 다른 차가 눈에 들어오지도 않아요. 선생님은 어느 집 차를 구해 마십니까?" 이 질문에는 당신이 여태껏 마셔온 차, 즉 당신이 마시는 차는 2류라는 전제가 깔려있다.

이만 줄이지만, 자신의 기호를 일반화시켜 부담스럽고, 어색하게 만드는 행다의 자리가 어디 이 세 가지 경우뿐이겠는가? 겸양보다는 자기 과시가 은근하고, 배려 보다는 자기중심적인 찻자리가 차고 넘친다.

• 행다는 예(禮), 예(藝), 도(道)의 총합

행다는 분명 차를 마실 때 수반되는 예의범절과 정신적·문화적 분야까지 총합된 다사(茶事)이다. 실상에서 차를 운용하는 일체의 행위뿐 아니라 예(禮), 예(藝), 도(道)까지 포괄한다.

이제껏 우리가 알아온, 손님을 마주하고 차를 우려서 대접하는 기능적·격식적 요소가 행다의 전부라는 생각은 지우는 것이 마땅하다. 솔직히 일본의 행다법을 토대로 덧대고 변형시킨 우리의 행다법을 바로 잡기 위해서라도 행다의 진폭을 넓혀야만 할 때이다. 우리의 특색과 고유성이 온전한 행다의 모습을 완성해 나가는 것이야말로 현대 차인들이 담당해야 할 소중한 몫 아니겠는가?

행위가 이루어지는 순간순간에 예(禮)가 있고, 차도구와 찻자리를 꾸미는 꽃이나(茶花), 그림이나 글씨(書畵) 등에 예(藝)가 있으며, 차를 마시는 몸의 행위와 자세·느낌과 감정·마음에서 일어나는 생각 등을 알아차리는 데에 도(道)가 있음을 자각해야 한다. 행다는 이 모든 것을 내포하고 있다. 행다는 다례(茶禮), 다예(茶藝), 다도(茶

道)의 핵심이며, 이 예(禮), 예(藝), 도(道)를 차생활에서 완성해 가는 사람이 차인이다.

차인(茶人)

월아

청자색 하늘을 닮은 사람이 있습니다
봄 봄이나 갈 가을이나
눈 시려도 가뭇없이 보아 주는 사람

백초향 물을 가슴에 담근 사람이 있습니다
풀이 풀이나 꽃이 꽃이나
메말라도 아낌없이 나눠 주는 사람

가야적 하늘을 넘어
신라적 물길을 지나
어기야 어기영차
순수의 색향미(色香味)를 길어 온 사람

여기 사람이 있습니다
색이 색이나 향이 향이나
퍼가도 퍼가도 넘칠 사랑 맛

천년이 지나도 잊히지 않을
그리움보다 깊고
미소보다도 맑은
참사람이 있습니다

차(茶) 자랑, 딱지 자랑

• 딱지치기, 딱지 자랑

딱지치기, 일단 누구보다도 더 빳빳하면서도 질긴 종이를 구하는 것이 지상 최대의 과제였다. 누가 뭐라고 하여도 제일 좋은 것은 누이가 보던 월간 여성잡지의 표지였다. 이것만 있으면, 초가(草家) 앞마당을 점령한 조무래기들은 자신의 딱지는 절대 넘어가지 않으리라는 확신에 찬 자기 최면까지 걸었다. 그랬다. 딱지치기와 딱지는 콧물 질질 흘리는 사내아이들에겐 자존심과 소유욕을 깨닫게 해준 운명과 같은 대상이었다.

하지만 계집아이들은 고무줄놀이나 즐기고 술래잡기를 할 뿐, 도무지 이 재미난 딱지치기를 할 줄 몰랐다. 그래서 딱지를 치다 심심할 때면, 주머니칼을 슬쩍 꺼내어 고무줄을 쌩하니 끊고 내달렸다.

그건 사내아이들의 쌤통이었다. "그래, 이렇게도 재미난 놀이에 너희들은 왜 참여하지 않느냐", "나의 멋진 폼생폼사를 또 왜 보지 않느냐"는 엉뚱한 발상에서 비롯한 폭력이었고, 역행적 관심 끌기였다.

하지만 어찌 그 조무래기 사내아이들이 알았으랴! 딱지가 하늘의 별만큼 되어본들, 딱지치기가 저 하늘을 날아가는 비행기 타는 것보다 재미있어 본들, 계집아이들에겐 그냥 휴지 뭉치이고, 하릴없고도 힘만 드는 팔운동 이상도 이하도 아닌 것을.

세상은 조무래기 사내아이가 딱지를 수만 번 넘기든 말든 또는 하나의 튼튼하고 멋진 딱지가 다른 어떤 딱지에도 결코 넘어가지 않고 팔랑팔랑 넘기기만 하든 말든, 아무런 관심 없이 잘도 돌아가는 것을.

조금만 뒤로 물러서서 생각하면, 빛나는 딱지와 재미난 딱지치기가 자기 또래에 딱 적합한 놀이 이상의 것이 아님이 분명한데도 미처 상대적으로 보지 못하고, 이것만이 절대고 최고라는 생각에 젖어 있었다.

하지만 이런 고정된 편견과 별무소득의 자가당착적인 행위와 모순이 어찌 어린 사내아이들의 딱지 놀음에만 있으랴? 오늘날 우리 어른들의 문화 중에서도 이보다 덜하지 않은 것이 참으로 많다.

• 찻자리, 차 자랑

정신을 순정고아(純正高雅)하게 만든다고 또는 고준(高峻)한 운치(韻致)를 즐긴다고 행하는 차 생활에서도, 이와 별반 다르지 않은 현상을 가끔 본다. 이럴 땐 으리으리한 서가(書架)에 꽂혀 일렬횡대로

다관을 감상하는 어린이.

전시만 되어 있는, 금장(金裝)의 전집물(全集物)처럼 생뚱맞아 보인다.

냉정하게 오늘날의 우리 찻자리(茶席) 풍정(風情)은 집단적·의식적 절차에 치중한 찻자리 아니면 개별적·사적 찻자리이다. 하지만 예외 없이 대략 하나의 공통 형태에서 상이한 두 유형으로 나누어짐을 볼 수 있다.

먼저, 하나의 공통적인 형태는 철저한 외형적 보여주기이다. 단아(端雅)함을 너무나 지나쳐, 강한 연지분(臙脂粉)으로 치장한 화려한 색동한복 패션쇼. 그도 아니면 색다르고 화려한 차도구(茶道具)에 얼치기처럼 생경한 찻자리(茶席) 장식. 거기에 더해 춤과 음악을 지나 퍼포먼스까지 곁들인 국적 상실의 찻자리 예법이다. 이런 자리에서는 차의 색과 향과 맛을 느낄 길이 없을뿐더러, 더 깊숙이 차를 통한 내적통찰(內的洞察)의 방향성을 알 길은 아예 없어 보인다.

세상 인과(因果)로 볼 때, 악화(惡貨)가 양화(良貨)를 구축(驅逐)하는 것이 왕왕(往往)인데, 이와 같은 보여주기의 공통 형태가 상이한 두 가지의 유형을 낳음을 볼 수 있다. 이 또한 과시욕(誇示欲)에서 비롯된 또 다른 보여주기의 현상이다. 그중 하나가 차에 대한 과시이다. 찻자리에 참석한 사람들에게 찻자리의 주인이 내어놓으려는 차가, 거의 예외 없이 남에게서 쉽게 볼 수 없는 것, 그도 아니면 남보다 더욱 오래되었음을 밝히고 싶어 안달하는 것이다. 숨이 막히거나 주눅이 드는 찻자리로 몸의 경직을 지나 경계심까지 품게 만든다. 또 다른 하나는 꼬리에 꼬리를 물고 끝없이 나오는 차가 담긴 차도구이다. 이건 거의 물고문이며 눈까지 피로하게 만든다.

술술 차가 목으로 넘어가는 편안한 봄밤과 같은 찻자리가 아니라, 한여름 뙤약볕의 고통처럼 꾸역꾸역 차를 넘겨야 하는 고통의 찻자리로 만든다.

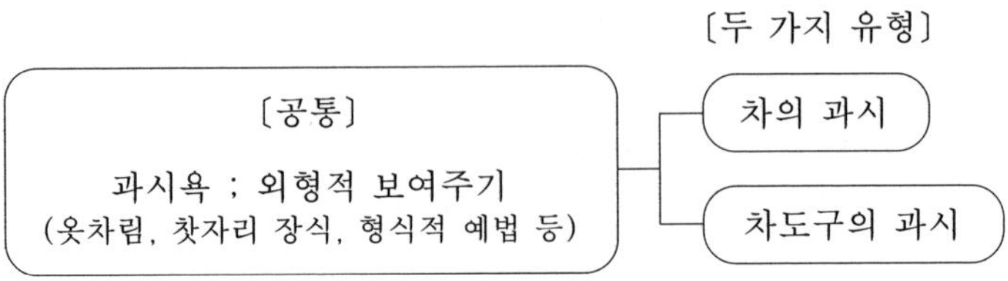

여기에서 차와 딱지가 만나는 교집합점이 있다. 아무리 질기고 뻣뻣한 딱지로 남의 딱지를 판판 넘겨본들 그건 딱지일 뿐이고, 그 딱지를 제 아무리 자랑해 본들 조무래기들 판에서나 자랑스러울 뿐이다. 차도 마찬가지로 찻자리에서나 자랑스럽고, 차도구도 그 자리에서나 드러날 뿐이며, 여타의 보여주기도 차판을 떠나면 금의야행(錦衣夜行)에 다름 아니다. 다른 입지(立地)와 관점에서 보면, 차문화도 하나의 또 다른 문화 영역일 뿐이다. 조무래기 사내아이의 놀이판을 떠난 딱지가 무가치해지듯, 차판에서의 보여주기도 그와 다를 바 없다. 드러냄이나 우쭐함에 취하지 말아야 함은 차를 마시는 사람의 기본이다.

• 찻자리의 제일 요소, 사람

보여주기도 적당해야 아름답게 보이고, 마시기도 어느 정도여야 행복하게 넘어간다. 찻자리는 자연스러움이 합당한 것이며, 차인은 심신(心身)의 편안함이 근본이다. 상대를 세밀히 살펴 그에 맞게 찻자리를 펼쳐야 하며, 차도 그렇게 내어야 한다. 대접하는 사람이 참석자의 취향과 상태를 살피지 않고, 오로지 자기 멋에 겨워 찻자리를 펴고 차를 낸다면, 자연스럽고 편안해야 할 찻자리가, 화장실을 걱정하고 심야의 수면(睡眠)을 걱정하는 긴장과 초조의 고민장(苦悶場)이 될 뿐이다.

찻자리는 혼자든 여럿이든 오감(五感)이 평온하게 충족되는 자리여야 한다. 솔바람 소리와 전나무에 긋는 빗소리인 송풍회우성(松風檜雨聲)의 물 끓는 소리가 들리고, 게의 눈, 새우의 눈인 해안·하안(蟹眼, 蝦眼)의 물 끓는 모양이 보이며, 가만히 모아 쥔 손으로 전해오는 따스한 찻잔의 온기가 느껴지며, 고아(高雅)한 청향(淸香)이 코로 깊숙이 맡아지며, 녹·등황색(綠橙黃色)의 차탕(茶湯)이 목과 위를 부드럽게 감싸는 것이 느껴져야 한다.

이는 찻자리의 주인과 찻자리의 참석자, 차 마시는 사람과 찻자리의 외적 상황이, 수레가 좌우의 두 바퀴로 균형을 유지해 나아가듯이 할 때에만 가능하다. 아무리 많은 차와 좋은 차도구를 가지고 있다 한들, 차와 차도구를 아는 사람에게나 가치가 있는 것이고, 나아가 찻자리를 자연스럽고 편안하게 펼쳤을 때에야 빛 발할 따름이다.

고려 말, 망국의 현실에 숨어 살던 도은(陶隱) 선생은 「백염사혜다(白廉使惠茶)」에서 "척진천애류락한 수지가명사가인(滌盡天涯流落恨 須知

佳茗似佳人) "하늘 아래 떠도는 한을 깨끗이 씻어 주나니 / 뉘라서 알리오, 좋은 차는 아름다운 사람과 같음을"이라고 했다. 그렇다. 사람이 아름다우면 그 차가 아름답고, 차가 좋으면 그 사람도 좋아진다. 찻자리를 빛내는 제일 요소는 어떤 차와 어떤 차도구가 아니라, 어떤 사람과 어떤 모습으로임을 알 수 있다.

이는 차와 찻자리가 어떠해야 하는가를 너무나 선명히 웅변하는 것이며, 차가 결코 조무래기 사내아이들의 딱지에나 비유되어서는 안 됨을 단적으로 증명하는 것이다. 딱지는 그때 한 시절의 또래 놀이 문화로 끝난 일이나, 차는 산업이나 정신문화와 밀접하게 관계하면서도 하나의 삶이 마무리될 때까지 곁에 있는 삶의 동반자이기 때문이다.

차를 즐김에 지나치지도 말고, 드러내지도 말며, 아주 편안하게, 더욱 자연스럽게 한다면, 정녕 차를 마시는 찻자리는 "묘용시수류화개(妙用時水流花開)"가 저절로 현현(顯現)하는 자리가 될 것이다. 곰곰이 생각하며 가만가만 차를 마실 일이다. 아래 시처럼 딱지치기보다도 못한 차 놀이가 되지 않기 위해서는 생각하고 생각할 일이다.

딱지치기

월아

세상이 무료한 날
주머니 가득 유리구슬까지 그 구름을 멈춘 날
친구여! 우리 지축이나 울리자. 딱지나 치자.

모 아니면 도, 앞 아니면 뒤 아니더냐.
굴러도 한세상이고 치고받아도 결국 한세상
씨줄과 날줄이 얽혀진들 실고만 바로 잡으면
결국 하나의 운명. 하나의 세상이지.
무에 한두 수 앞의 얍삽한 계산이 필요하리
다만 세상을 향해 힘껏 내려치면 그만이지
눕거나 엎드리면 될 뿐
서거나 무릎 꿇지 않으니 얼마나 행복하냐.
단지 우리가 생각할 건
힘줄 팍팍한 팔과 억센 종이 뭉치
씩씩대는 숨소리조차 찬란하다.
따순 고봉밥 같은 딱지 주머니에 허기진 바람이 돌아도
내일이면 또다시 봉긋 채워지리니
넘어지면 네 것이고, 넘어가면 내 것이지.
흑백으로 싹둑 칼금 그을 것 없어
산이 산이나 들이 들이나
물길 이어지듯 인생이야 어차피
넘고 넘어야 하는 한 바탕 놀이판이야 놀이.
세상이 싹둑 베인 상처 같은 날
구슬 구르기로도 우릴 달래지 못한 날
친구여, 우리 딱지나 치자. 지축이나 울리자.

차(茶)와 예(禮)

유교적 예치주의(禮治主義) 사회에서 '예(禮)'의 영역은 국가의 통치 제도에서부터 사회의 규범적인 도리(道理), 개인의 수신(修身)까지 광범위하였다. '예'는 검(劍)의 양날처럼 사회를 유지시키는 통치의 수단임과 동시에 인간 교화의 방법이었다. 사회 구조와 시대 가치가 변하면 '예'의 영역과 내용은 변하게 된다. 시대와 사회에 적합(適合)하도록 '예'의 영역과 내용이 변하지 않으면 그 가치는 스러질 수밖에 없다. '예'를 절대 불변의 진리처럼 읊조리는 것은, 바로 '예'의 가치를 부정하는 것이나 다름없다.

오늘날 '예(禮)'라는 말소리를 자주 듣게 되는 특별한 자리가 있다. 공식적으로 펼쳐지는 '차회'나 예절 교육의 연장으로 보는 '다도 교육장'이다. 퇴락한 고가의 담장 밑에 나뒹구는 기왓장 같은 옛 풍경으로, 마치 단독주택이나 아파트의 생활이 뭐가 어떻게 잘못되었다며 조목조목 따지는 듯하다.

'예'는 결코 차(茶)의 시작과 끝이 아니다. 차는 문화이자 예술이고, 예(禮)이면서 도(道)이기도 하다. 차는 개성의 총합(總合)이고, 자연스러움의 결정(結晶)이다. 차를 '예'로서만 접근하면 고루(固壘)하고 편협(偏狹)한 과거의 부산물이 된다. 차와 차 마시는 행위는 과거나 전통이 아니다. 바로 지금이며 현실이다.

• 차와 예절 교육

'예'는 사람으로서의 가치관을 일깨워 나보다 상대를 존경하고, 나의 입장보다 남의 입장을 먼저 생각하라는 가르침일 뿐이다. 여러 선현의 가르침은, 비록 표현은 다를지라도 그 바탕은 '더불어 사는 사람다움'을 말하고 있다.

하지만 우리는 오늘날을 '예'가 땅에 떨어진 시대라고 판단한다. 그 잣대로 제시하는 것이 유교적 이데올로기이다. 사회 구조와 현실 사고가 완전히 달라졌는데도, 과거의 판단 기준에서 한 발짝도 나아가지 못함을 단적으로 보여주고 있다.

'더불어 사는 사람다움'에는 시대의 변화가 내포되어 있다. 가치의 개념은 모든 것과 더불어 존재한다. 옛 시대의 '예'가 불변하는 진리라고 생각한다면, 이미 그것은 존재의 가치를 상실한 것이다. 이로 보면, 차를 통하여 행해지는 '예'의 교육도 "이 시대에 맞는 것인가?"하고 고민해 보아야 한다. 만약 옛날의 관혼상제와 관련된 의식 또는 행동거지나 가르치고 아리송한 과거 용어 정도를 숙지시킨다면 그것은 이미 박제(剝製)된 교육이다.

차와 관련된 교육 체계는 늘 시대와 사회에 맞도록 변화되어야 한다. 차를 통한 교육이 '예'에 머무는 것도 문제지만, 이 '예' 교육

스님이 사용하는 백자 다기(삼인기). ©도륜스님

도 이 시대의 사회 구조와 인간 정서에 적합해야만 가치가 있다. 차는 과거의 부산물이 아니라 현재의 생활이며, 고착화된 정신 체계가 아니라 변화에 능수능란하게 대응하는 정서적 심리 체계이기 때문이다.

이제는 차를 통한 예절 교육도, 21세기에 맞는 인성을 스스로 계발하는 '개인의 예'와 현대 사회의 일원으로서 갖추어야 할 기본 철학인 '생활의 예'로 변화해야 한다. 그렇게 할 때에야, 비로소 그 예가 바탕이 되어 차를 통한 삶과 문화, 예술과 철학의 넓은 세계로 나아갈 수 있을 것이다.

• 찻자리에서의 예절

1. 대화의 소재

“예로부터 성현들은 차를 즐겼나니, 차는 삿됨이 없는 군자의 성품과도 같다(古來聖賢具愛茶 茶如君子性無邪)고 했다.” 차를 마심으로써 차의 맑고 순정한 기운이 저절로 생기는 것이 아니라, 차를 마시는 사람이 애써서 삿됨이 없는 마음가짐을 지니도록 해야 한다는 말이다. 금과옥조(金科玉條)이면서도 참으로 두려운 말이다. 차를 수십 년 마신다 한들 어디 쉽게 맑고 순정한 정신으로 나를 채울 수 있는가?

각설(却說)하고, 차회에서 열띤 대화가 오가는 경우가 가끔 있다. 삶의 아름다움에 대한 소재도 아니고, 타인의 고귀한 삶에 대한 화제도 아니다. 정치적인 소재를 꺼낸 결과에 일어나는 소용돌이거나, 제3자에 대한 언중유골(言中有骨)의 은근한 험담이다. 침 튀기며 나의 주장을 몰아세울 수 있는 기회의 장이기도 하고, 삼류 드라마의 허탈한 막장을 즐기는 순간 같기도 하다.

찻자리에서 우리가 피해야 할 첫째의 소재는 타인에 대한 험담이며 그다음이 정치와 종교이다. 하늘의 별처럼 많은 희망찬 소재들을 뒤로 하고 굳이 민감한 얘기를 할 필요가 무에 있으랴! 찻자리는 밝고 고운 소재로 가득 채워져야 한다. 차를 마시는 순간만이라도 고요가 충만하고, 평화가 고즈넉이 내려앉으면 좋을 것이다. 그러기 위해서는 우리는 차를 마시며 침묵해야만 하고, 나의 바깥에 존재하는 대상에 대한 아름다움을 읽을 줄 알아야 한다. 분별시비(分別是非)를 떠나 담담히 차를 마신다면, 우리도 삿됨이 조금씩 사라져 결국에는 군자가 될 것이 아니겠는가!

2. 차회의 고무줄 시간

"이번에는 이 차를 한번 마셔볼까요?"

"….."

대답이 없는데도 막무가내로 차가 나온다. 화장실을 몇 번 들락거려도 몸은 계속 화장실 쪽을 향하게 된다.

"맛이 어떻습니까? 귀하게 보관한 차입니다. 아직 많은 차가 있으니 오신 김에 맘껏 드시고 가세요."

"예. 색이…… 좋습니다. 향도…… 뛰어 납니다. 맛은…… 환상적입니다."

의도한 대답을 해주면서도 속마음은 이미 괴로운 자리를 떠나고 싶을 뿐이다. 한없이 지나가는 시간도 허망하고, 다관(茶罐)에 들어있는 차는 이미 좋고 나쁨을 떠나 고문 도구다.

이것이 오늘날의 차회 풍경의 한 장면이다. 옛날에는 녹차 한 종류 아니면 대용차를 곁들여 잠시의 시간을 고요하고 화평하게 보내다 일어섰다. 그런데 세계와의 교류가 활발해지면서 차의 종류가 무진장하게 되었다. 그만큼 다양한 종류의 차가 차회에 활용되고 있는 것이다.

그러나 한번 생각해 볼일이다. 비면 바로바로 채워지는 술잔처럼 마시는 차. 불면(不眠)의 밤과 화장실 수시 방문을 걱정하게 하는 차의 과음(過飮).

적당(的當)이라는 좋은 말이 있다. 대충 대강이 아니라, 넘치지도 모자라지도 않게 꼭 들어맞는 것을 말한다. 지나치면 모자람만 못하고 부족하면 아쉽다. 적당해야만 한다. 차를 마시는 시간도, 마시는 차의 양도, 늘어지는 고무줄처럼 상대의 기색을 살피지 않고 이어지는 찻자리는 이제 적당히. 꼬리에 꼬리를 물고 나오는 차와 차음식도 이제 적당히. 주저리주저리 이어가는 빈말의 성찬도 이제 적당히. 이제 차는 적(的)- 당(當)- 적(的)- 당(當)-

3. 배려는 차회의 제일 덕목

차회에 초대 받아 가면 가끔 불편할 때가 있다. 차회를 주관하는 팽주(烹主)의 지나친 예의범절 때문이거나 과시욕 때문이다. 주인이 너무 격식을 차리거나 차와 차도구를 자랑하면 참석한 것을 슬쩍 후회하게 된다. 부담 백배의 찻자리는 차를 통해 얻을 수 있는 '단아(端雅)', '화평(和平)', '고적(孤寂)', '정갈'과는 거리가 멀다.

'찻자리 예절'은 '상대 배려'의 다른 이름이다. 차회 주관자는 참석자의 기색을 살피며 말과 행동을 해야 하고, 차회 참석자는 차회의 분위기에 흠뻑 젖어 들어야 한다. 바로 서로에 대한 배려이다. 배려는 그 무엇보다도 중요한 차인의 덕목이다. 강조해도 지나침이 없는 것이 타인에 대한 배려이다.

• 차인과 예절

"마음, 마음이여. 넓은 때에는 바다보다도 넓다가도 한번 좁아지니 송곳 하나 꽂을 자리조차 없구나."라고 옛 사람이 말했다. 참 묘하고도 알 수 없는 것이 우리의 마음이다. 부드러울 때에는 꽃향기를 실은 바람보다도 살랑이지만, 냉혹할 때에는 동토의 얼음보다도 싸늘하다.

사람을 대할 때 우리는 이런 마음의 변화를 느낄 수 있다. 같은 일을 두고서도 어느 순간 포용적이다가 또 한 순간 참을 수 없게 되기도 한다. 뿐인가? 공공의 일을 두고서도, 해악이 되는 결정을 자기 분을 못 이겨 내리기도 하고, 일관성 없이 여기저기서 말하고 행동한 것이 사람 사이의 갈등으로 작용하기도 한다. 그러나 이것은 사람마다의 본성으로 쉽게 어찌할 수 없는 것임이 분명하다. 그러나 개인이건 단체건 간에 공동의 선과 융화를 위해서는 이럴 때 필요한 것이 인간의 기본 조건으로서의 '예'이다.

차로 돌아와 다시 '예'를 생각해 보자. 단체 활동을 하며 스스로를 차인으로 규정하고 생활하는 사람들은 조금 특별한 의식을 가지고 있다. 자신의 차 생활이 '예'와 전통문화와 정신세계와 직결되어 있다는 선민의식 같은 것이다. 하지만 선민의식이 강한 사람과 차를 마시다 보면, 오히려 실소를 머금을 때가 많다.

선(禪)과 도(道)를 장황하게 말하지만, 홀로 있을 때 도리어 몸가짐을 바르게 가지는 '신독(愼獨)'이 그들에게 보이지 않는다. 뿐인

부군과 손자에게 차를 대접하는 모습. ©박홍관

가? 차례(茶禮)를 논하지만, 개인적·이기적 자아에서 벗어나, 일정한 규칙 속에서 타자(他者)와의 상생을 지향하는 '극기복례(克己復禮)의 경(敬)'은 어디에도 붙어있지 않다.

하지만 이 시대의 차인들이 스스로 완성해야 할 '예'는, 표피적이거나 외양적인데 있지 않다. 현대 사회에 적합한 자기 계발의 개인적·수신적 자아(修身的 自我)에서 시작해, 집단적 공동의 선을 지향하는 사회적·포용적(包容的) 자아로 나아가는 데 있다. 그것이 바로 '신독'과 '극기복례'이다.

아! 그런데 나는 신독과 극기복례가 되고 있는가?

차와 기(氣)

• 기를 보는 동양의 관점

현대 물리학에서는 질량과 에너지를 측정할 수 없으므로 기의 존재를 인정하지 않는다. 하지만 동양의 사고 체계는 서구적 입장과 사뭇 다르다. 중국 진대(秦代)의 갈홍(葛洪)은 「포박자(抱朴子)」에서 "사람은 기(氣)의 세계 속에 존재한다. 그리고 기는 인간의 신체를 구성한다. 하늘과 땅 모든 만물에 이르기까지 기가 없이 존재하는 것은 없다. 따라서 기를 잘 움직이는 사람은 안으로 몸을 지킬 수 있고, 밖으로는 악을 물리칠 수 있다. 일반 사람들은 매일매일 기와 함께 살아가면서도 그 사실을 깨닫지 못한다."고 했다. 남송의 주자(朱子)는 세상에 있으며 눈에 보이고 접촉할 수 있는 물질적인 것을 '정(精)'이라 불렀고, 눈에 보이지 않고 접촉할 수 없는 것을 '신(神)'이라 하였으며, 정과 신의 중간을 중재하고 우주를 유지하고 구성하는 근본적인 힘을 '기(氣)'라고 했다.

동양적 사고로 보면, 결국 기는 대우주(森羅萬象)와 소우주(肉體)를 유지하고 지탱해 나가는 보이지 않는 근본적인 힘이다. 그래서 동양의 옛 선인들은 기의 성질 가운데서 생명력에 가치를 두고, 기를 강하게 함으로써 건강을 지키고 정신을 바로잡고자 하는 수도와 양생법을 연구하였다.

기(氣)! 보이지 않는 실체이기에 신비하기도 하지만 그만큼 허황한 것도 없다. 다른 말로 하자면, 사회적 가치 체계 속에서 이성적 사유가 이루어지면 신비한 것이고, 비현실적 관념 속에서 추상적 논리로 접근하면 허황한 것이다.

십 오륙 년 전의 일이다. 곡우(穀雨)가 일주일쯤 지날 때, 벚꽃 떨어진 자리에 연둣빛 새순이 곱디고운 화개동천(花開洞天)으로 찾아들었다. 순례하듯 이집저집의 햇차를 맛보며 일년치 차 양식을 비축하러 다니던 중에 참 재밌는 광경을 목도했다. 마침 내가 들어간 찻집에 예사롭지 않은 차림을 한 몇 사람이 들어왔다. 고요히 앉아 햇차를 음미하는 나와 달리, 그들은 차를 앞에 두고 손바닥을 뻗어 무언가를 감지하는 자세를 취했다. 묘한 기분이 들었다. “도대체 뭘 하는 사람들이지? 서울 남대문(南大門)에 가 보아야 현판에 적힌 글이 숭례문(崇禮門)인 것을 아는 것처럼 차도 마셔봐야 맛을 아는 법. 저들은 마시지도 않고 저 차에 대해서 뭘 알고자 하는 것일까?” 이윽고 거룩한 일을 끝낸 듯 내 옆자리에 그들이 앉았다. “차가 싱그럽고 그윽합니다. 한 잔 드셔보세요.” 내가 말을 건넸다. “차는 꼭 마셔야만 맛을 아는 게 아닙니다. 손만 대어도 차의 맛뿐만 아니라 차가 가진 기(氣)까지도 느낄 수 있습니다.” 우문현답(愚問賢答) 같기도 해 좀 머쓱한 순간이었다. “...... 아! 그렇군요. 나는 눈으로 차가 잘 만들어졌는지 확인하고, 입으로 그 맛을 느끼는 법밖에 몰라서……."

나중에 그 찻집 주인에게 들은 얘기로, 그들은 해마다 그 단체의 이름으로 몇백 통씩 차를 따로 포장하여 가져간다고 하였다. 기똥찬 차를 대리 생산·판매하는 공생 전략으로 읽혀졌다. 물론 그 해에 나는 그 찻집에서 차를 구입하지 않았다. 내 손바닥이 아닌 입이 그해에는 그 집의 차를 원하지 않았기에.

손바닥이나 몸의 기(氣)로 느끼는 차(茶)와 눈과 입으로 음미하는 차. 그 차의 기운과 맛은 교집합(交集合)일까 차집합(差集合)일까?

• 차기(茶氣)의 허(虛)

녹차(綠茶), 청차(青茶), 황차(黃茶)를 마시는 자리에서도 차기(茶氣)가 얘기되지만, 보이차를 마시는 자리에서는 유난히 차기라는 단어가 많이 오르내린다. 본디 찻잎이 가진 성질 때문이기도 하지만, 차를 만드는 방법과 오래 보관되는 특징이 뚜렷함 때문이리라.

일반적으로 차를 마시며 기감(氣感)이 좋다고 얘기하는 경우를 보면, 어김없이 찻잎의 색이 윤기가 나고, 차탕이 투명하며, 차향이 청아하다. 이미 차의 맛이 일품이기에 굳이 차기니 기감이니 말할 필요가 없다. 하지만 여기서 차를 통한 기감의 중요한 단초(端初)를 찾을 수 있다. 찻잎이 튼실하여 맛이 지속되고, 차탕이 맑고 깨끗하며, 향이 은근하면서도 그윽하면 기감 역시 좋다는 것이다. 즉,

시각과 후각 그리고 미각이 이미 기감을 지배하였다는 의미이다.

'심기혈정(心氣血精)'이라는 말이 그걸 증명한다. "마음(心)은 에너지(氣)를 생성하는 바탕이며, 이 에너지가 응축되면 몸속 생명력의 표현인 피(血)가 되고, 피는 몸과 물질을 만드는 생명력(精)이 된다."는 뜻이다. 다시 말하면, 마음이 에너지의 질과 힘에 그리고 물질세계에 드러나는 모든 현상의 결과에 영향을 미친다는 것이다. 이를 차에 적용하면, 이미 좋은 차는 시각과 후각적 작용을 통하여 마시기도 전에 사람의 마음을 움직여 기감을 증폭시킨다는 말이다.

몇 해 전 얘기다. 차를 마시던 자리에서 동호인 한 분이 참 놀라운 말을 하며 대화를 이끌었다.

"가끔 내왕하던 건축가 집에서 열린 차회에 우연히 참석한 적이 있습니다. 그런데 참 생소한 풍경을 보았어요. 집안 곳곳에 보이차가 산더미처럼 쌓여있고, 침실의 침대 밑에도 보이차가 빼곡히 차 있는 것이었어요. 보이차에서 나오는 기(氣)가 몸을 건강하게 한다며 아주 의기양양 자랑스러워했습니다. 거기에 참석한 몇 분도 보이차에는 특별한 기가 있다며 나에게도 권했고요. 21세기에 이런 미신 같은 실상이 어떻게 일어날까요?"

다양한 의견이 쏟아졌다. 어떤 이는 '차를 판매하기 위한 집단의식적 상술'이라고 하고, 또 다른 이는 '신비화되다시피 한 보이차에 대한 허상' 때문이라고 했다.

"두 가지 이유가 있지 않을까요? 하나는 사재기 의도일 것입니

고요가 충만한 찻자리의 차도구. ©도륜스님

다. 세월이 가면 돈이 된다는 투기인지 투자인지 모호한 개념 말입니다. 소장자가 결코 다 소비하지 못할 그 엄청난 양의 차는 현재 보이차 유통의 특성으로 볼 때 투자 효용성이 전혀 없는데도 말이죠. 검증되지 않은 '차기(茶氣)'를 차를 만든 사람, 판매하는 사람, 소비하는 사람이 신비라는 편향적 의식으로 공유한 것입니다. 목적이 일치되니, 기가 입에서 기가 차게 오르내릴 수 밖에 없는 것이지요. 또 하나는 묵은 보이차가 주는 세월의 무게감과 깊은 맛이 곧바로 기라는 개념으로 뒤바뀐 의식 내지는, 천년 고수차(千年古樹茶)라는 단어가 주는 관념이 여과 없이 건강물(健康物)이나 신비물(神秘物)로 달바꿈한 의식일 것입니다. 논리성과 합리성을 찾을 길 없는 보이차에 대한 비이성적 접근이 낳은 저급한 시트콤 같은 현실인 것이죠. 참 우스운 것은 야생 교목 고수차를 일반 재배 관목차라고 말하고, 재배 관목차를 천년 고수차라고 말하면 평소와는 다른 기감을 얘기합니다. 말과 분위기에 기감이 달라진 것이지요. 조작하면 유명한 기 수련자도 당합니다. 마음의 조작에 다들 놀아나지요."

가만히 있기 무엇해서 나도 위와 같이 한 마디를 보탰다. 만약 다시 말할 기회가 생긴다 해도 별로 변하지 않을 것 같다.

사람이 차에서 느낀다는 기(氣). 마음이 에너지의 질과 힘과 물질 세계에 드러나는 모든 현상의 결과에 영향을 미친다는 것에 다름 아님이 분명하다. 결국 좋은 원료로 만들어진 맑고 깨끗한 차, 청정한 장소에서 보관된 차, 시음하는 사람의 몸 상태에 맞춰 마시는 차가 진정 기찬 차일 것이다. 그런 차는 색·향·미가 온전할 뿐 아니라 마시는 사람의 마음과 몸을 안정시키기 때문이다. 우리 모두 이성적이면서 합리적이고, 과학적이면서 논리적인 사유 체계 안에서 차라는 사물을 대해야 할 것이다.

차기(茶氣)의 실(實)

(전략)

一碗喉吻潤일완후문윤	첫 번째 잔은 목과 입술을 적셔주고
兩碗破孤悶양완파고민	두 번째 잔은 고독과 번민을 없애주네
三碗搜枯腸삼완수고장	세 번째 잔은 메마른 창자를 씻어주어

惟有文字五千卷유유문자오천권 오로지 오천 권의 문자만 남게 하고
四碗發輕汗사완발경한 네 번째 잔은 가벼운 땀이 솟게 하니
平生不平事평생불평사 평소에 불행했던 일들이
盡向毛孔散진향모공산 땀구멍으로 모두 흩어 진다네
五碗肌骨清오완기골청 다섯 번째 잔은 살과 뼈를 맑게 하고
六碗通仙靈육완통선령 여섯 번째 잔은 신선의 경지에 이르게 하네
七碗喫不得也칠완끽부득야 일곱 번째 잔은 마시기도 전에,
惟覺兩腋習習淸風生유각양액습습청풍생 양 겨드랑이에서 맑은 바람이 솔솔 일어 나는 것을 느끼게 되네.

(후략)

노동(盧仝)의 이 시는 차를 마시면서 몸을 이롭게 하고, 마음을 다스려 신선이 된 듯한 맑은 정신을 노래하고 있다. 세상사 불평불만이나 고독과 번민은 차 마시는 자리에 없다. 다만 평생에 갖추었던 깊이 있는 사유가 찻자리에서 펼쳐지고 있을 따름이다.

이처럼 분명 차에 존재하는 기는, 차를 마시면서 맑아지는 몸과 마음의 상태이다. 쓸데없는 잡념일랑 깨끗이 비우고, 스스로 선인의 경지에 이르도록 마음을 바꿀 때에만 느낄 수 있는 것이다. 결코 차는 만병의 영약이 아니며 기 덩어리도 아니다. 다만 심신을 정화하고 수양하는데 다른 음료보다 좀 더 이로운 것일 뿐이다. 이런 이로움이 긍정적인 생각으로 작용하여 우리의 정신과 몸을 활발하게 한다. 바로 좋은 기의 발현인 것이다.

마음에 맞는 좋은 사람들끼리 모여 차를 마셔보자. 그때 마시는 차에서는 어떤 무엇과도 비교할 수 없는 좋은 기가 느껴진다. 꿀단지를 끼고 살 때에는 그 단맛의 황홀함을 잘 모른다. 그러나 쓰고 떫은맛의 끝에 한 순갈 떠먹는 꿀은, 산삼보다도 좋은 기로 우리 몸에 작용한다. 마찬가지로 좋은 사람들끼리 모여 편안히 마시는 차는 모든 사람에게 좋은 작용을 한다. 기라는 말을 사용하지 않아도, 모르는 사이 이미 심기혈정이 되어버리는 것이다.

오래전 서울의 조그만 사설 차 박물관에서 겪었던 일이다. 이런 저런 얘기를 나누던 관장이 차를 대접하겠다고 하기에 고마워하며 자리에 앉았다. 차분히 앉아 기다리던 끝에 감동의 물결이 일었다. 전시대(展示臺)에서 꺼낸 고려청자완에 타이족(泰族)의 대엽쇄청모차(大葉晒青毛茶)를 뜨거운 물로 우려내어 왔다. 약 600여 년의 세월을 뛰어넘어 내 앞에 놓인 청자완. 만 리 길을 건너 내 앞에 우려진 차. 그 뒤로 같은 차를 아무리 마셔도 그 맛과 기운을 다시 볼 순 없었다. 나의 마음이, 세월과 거리와 사람의 정성 앞에 더 이상 좋을 수 없는 기(기분으로 인한 기운의 생동)를 느꼈기 때문일 것이다.

차의 기를 분명 체감할 수 있다. 그러나 그것은 마음에서 시작하여 몸으로 전달되는 것이다. 삿되지 않은 순정한 마음으로 차와 차도구를 대하면 무한의 밝은 에너지가 몸을 깨운다. 하여 차는 마음과 몸의 조화로움 속에서 마셔야 한다. 차의 기는 얼토당토않은 추상이 아니라 차를 마시는 사람의 마음과 몸이 느끼는 차의 에너지이기에.

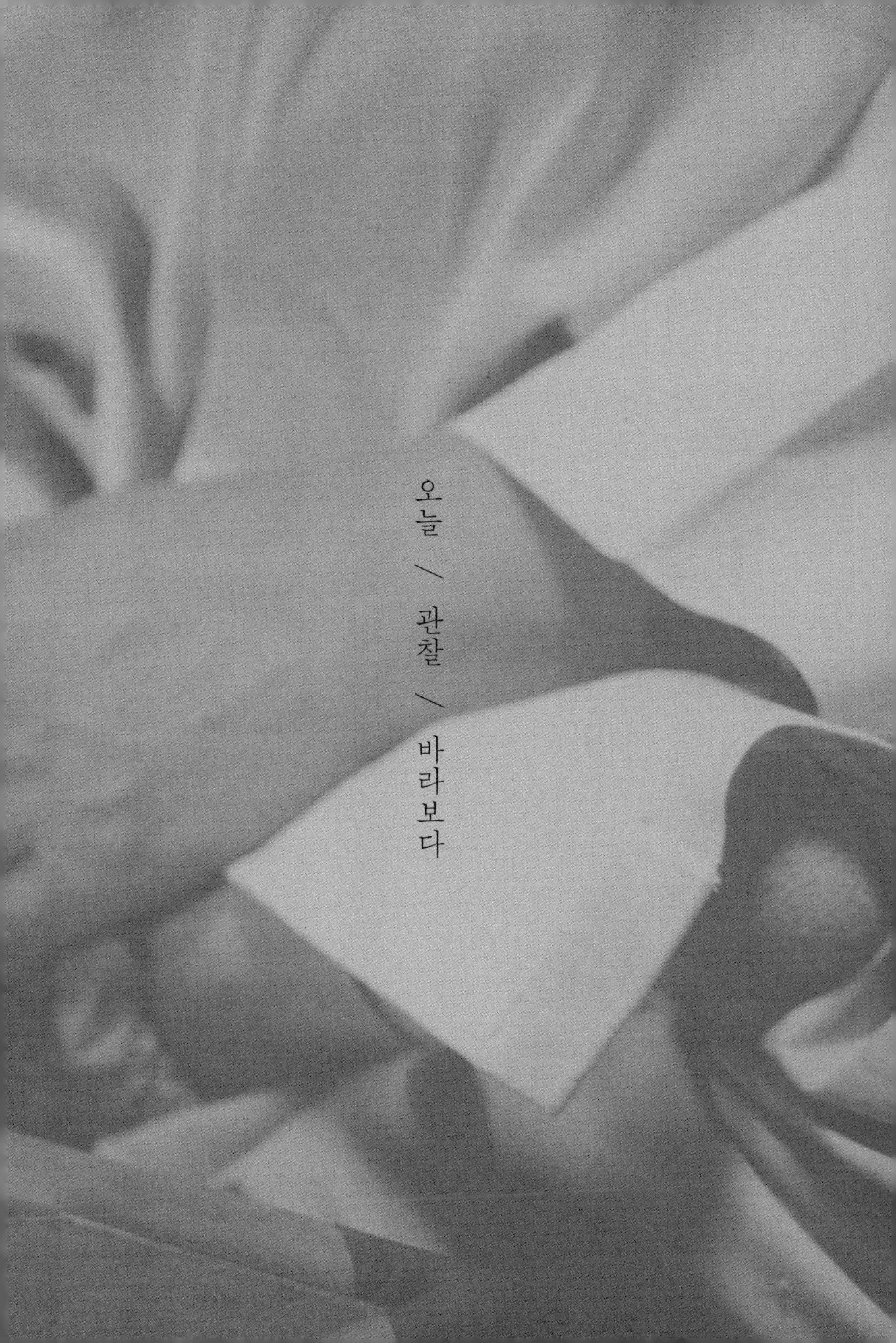

오늘 / 관찰 / 바라보다

'茶'자의 음가 선택에 대한 견해

• 타방(茶房)의 타(茶)

한자 '茶'자를 두고 우리는 〔차'다'〕로 새겼다. 「차」를 뜻(意)으로 「다」를 소리(音)로 파악한 것이다. 한자 자전인 옥편이 그랬고, 우리의 한문 선생이 그렇게 가르쳤다.

어릴 때 어른들께서 쌍화탕이나 커피를 드시러 의기양양 동네 다방(茶房)으로 가시며, "타방(茶房)에 「타(茶)」 한잔하러 간다."라고 했는데, 그 〔타〕는 영어식으로 들어온 〔Tea, 티〕가 아닌, 바로 〔다〕와 같은 음가(音價)를 지닌 글말이었다. 지금도 귀에 쟁쟁하게 남아 있다.

요즘도 간혹 보이는 옛날식 다방을 보면, 어린 날이 슬쩍 그리워지면서도 의문을 가졌던 그 언어 「타(茶)」가 「다, 차」와 결합 되며 귓속을 맴돈다. 「타-다-차-」, 「차-타-다-」, 「다-타-차-」

차만 마시면 될 것을, 알아도 그만 몰라도 그만인 이런 잡다(雜茶)에 관심이 많았다. 글과 차로 반평생(文茶半生) 지내다 보니, 잡다(雜多)한 잡다기(雜茶記)가 여기저기 쌓여 있다. 어떤 때는 "이런 게 무슨 의미가 있지? 참 허황된 시간 보냈구나!" 싶다가도, 불쑥불쑥 생각의 꼬리가 그런 방향으로 이어지기도 한다. 이 「타-다-/차」처럼.

• 언어의 특성

생각의 꼬리를 잡고 다시 한번 나아가 보자.

언어는 말이 가지는 뜻(內容)과 이를 상징적으로 나타내는 소리(形式)가 있다. 이 뜻과 소리가 결합되어야 언어로서 기능을 한다. 바로 '기호성(記號性)'이다. 그런데 이 언어의 내용과 형식의 결합은 '필연성'이 아니라 '자의성(恣意性)'을 가진다. 그리고 이 언어가 사회적 약속으로 굳어져 활용되면 쉽게 변하지 않는 언어의 '사회성'이 작동한다, 하지만 어쩌랴. 새로운 어휘가 생기고(生成), 의미와 활용법이 다양하게 확장되거나 변하며(成長·變化), 그 어휘의 기능이 점차 쇠하고 사라지는 소멸(消滅)의 과정이 있다. 그게 언어의 '역사성'이다.

어릴 때 들었던 「타(茶)」는 언어의 '역사성'에서 소멸의 절차를 거쳐 이젠 우리 곁에서 사라졌다. 아쉬운가? 그렇지 않다. 세상의 어느 것 하나 역사적 과정으로부터 자유로운 것은 없기에.

• 〔茶〕 자 음가의 이원화〔chá / tê〕의 특성

아직도 우리나라에는 〔차〕와 〔다〕가 동의이음어(同義異音語)로 대등하게 사용되고 있다. 중국의 언어인 〔茶, 〔chá〕〕, 〔茶, 〔tê〕〕가 우리의 언어 체계에서 〔차〕와 〔다〕로 이원화되어 사용되는 셈이다. 일본도 관용음인 〔ちゃ 차〕와 당음(唐音)인 〔さ 사〕가 혼용되고 선택되기도 하지만, 우리처럼 대등하게 복합적이지 않고 치열한 음가 경쟁을 치르지도 않는다. 물론 다른 나라들은 거의 단일하게 사용한다.

현재 전 세계적으로 「차」가 도입된 나라들의 언어는, 〔茶 〔cha〕〕 아니면 〔茶 〔te〕〕가 선택되어 자국의 언어 기호(記號) 위에서 발음한다. 쉽게 알 수 있도록 표로 작성하면 다음과 같다.

광동어계 〔 茶 〔chá〕 〕			복건어계 〔 茶 〔te〕 〕		
중 국	茶	차–	말레이	teh	테–
한 국	차, 다	차, 다	스리랑카	they	테∧이
일 본	ちゃ, さ	차, 사	인도네시아	téh	테
몽 골	ЦАЙ	차–	네덜란드	thee	테–
네 팔	jचिया	차	영 국	tea	티이–
베트남	trà	짜	독 일	tee	티–
힌디어	चाय	짜이	프랑스	thé	테
이 란	شاي	차	체 코	te	테
터 키	Çay	차이	이태리	tè	테
아라비아	shay	샤–	스페인	té	테
포르투갈	cha	차	헝가리	tea	테아
알바니아	cai	차이	덴마크	te	테

광동어계〔茶〔chá〕〕			복건어계〔茶〔te〕〕		
러시아	чай	차이	스웨덴	te	테
폴란드	chai	차이	노르웨이	te	테
루마니아	ceai	차이	핀란드	tee	테-
※ 육로(陸路) 중심의 언어 이동			※ 해로(海路) 중심의 언어 이동		

재미있지 않은가? 〔차〕는 뜻(內容)이고 〔다〕는 소리(形式)로 파악했는데, 〔차〕·〔다〕가 똑같이, 뜻이면서 소리였다는 사실. 이는 현재 진행형인 각국의 실제 언어에서 금세 확인이 된다.

신기한 것은, 〔茶〔cha〕〕와 〔茶〔te〕〕 계열의 언어가 거의 비슷하게 많은 나라에 각기 수용되었다는 사실이다. 여기에는 두 가지의 이유가 있다. 먼저, 육로를 거쳐 아시아 등의 다른 나라로 전파된 언어는 거의 〔茶〔cha〕〕계열이고, 해로를 거쳐 전파된 언어는 주로 〔茶〔te〕〕 계열이라는 것. 다음으로, 포르투갈을 통하여 언어를 수용한 나라는 광동어계 언어인 〔茶〔cha〕〕였고, 네델란드를 통하여 언어를 수용한 나라는 복건어계 언어인 〔茶〔te〕〕였다는 점이다.

부연하자면, 일률적으로 설명되지는 않지만, 아시아의 많은 나라는 거의 육로로 차가 도입됐거나, 중국에서 직접 차를 도입하여, 〔chá〕 계열의 소리가 절대적으로 수용되었다는 사실이다. 그리고 대항해 시대에 아시아로 눈길을 돌린 유럽이 중국으로도 들어가 주목한 것이 많았는데, 그중의 하나가 차라는 것. 그때 광동으로 들어간 나라가 포르투갈, 복건으로 들어간 나라가 네넬란드였는데, 중국의 언어 연구에, 당시 「茶」를 지칭하는 현지어의 음가가 광동에서는 〔chá〕, 복건에서는 〔te〕였다는 것이다.

중국은 지역적 특수성과 문화적 다양성으로, 같은 뜻의 언어가 지역마다 각기 다르게 사용되는 것이 비일비재하다. 언어의 뜻과 소리는 필연적인 관계가 아니라 자의적(恣意的)이기 때문이다. 오늘날 중국은 언어의 역사적 전개 과정에서 〔茶〔te〕〕의 음가적 가치는 완전히 사라지고, 오직 〔茶〔cha〕〕로만 남았다.

• 우리말의 〔차 / 다〕 이원화의 특성

그러면 우리는 어떤가? 이원적으로 수용된 두 음가(音價)가, 지금까지도 대등하게 사용되고 있다. 여기에는 문화적 정서가 크게 작용하고 있음이다. 고문헌(古文獻)을 굳이 살필 필요도 없다. 오늘날의 쓰임에 그 정서가 쉽게 찾아지기 때문이다. 「차」가 붙어 활용되는 어휘〔-차 / 차-〕와 「다」가 붙은 어휘〔-다 / 다-〕를 살피면, 언어에 내포된 가치 판단과 정서적 특질이 감지된다. 그리고 이것을 감지하면, 앞으로 〔茶〕와 관련된 어휘의 '역사성'을 짐작할 수 있다.

사람들이 우리 차문화의 핵심이라고들 하는 「茶禮」의 경우를 보자. 이 동일한 음가어(音價語)가 약간 다른 가치와 정서를 가지면서, 마치 다른 음가처럼 활용되고 있다. 〔다례〕와 〔차례〕이다. 그 쓰임을 두산세계대백과사전에는 이렇게 구별해 놓았다. 〔다례〕는 "사

싱그러운 보성의 차밭. ©김종호

람과 신불(神佛)에게 차를 달여 바치는 예의범절"이고, 〔차례〕는 "매달 음력 초하루와 보름날 또는 명절날, 조상의 생일 등에 간단히 지내는 제사"이다. 덧붙인 내용을 토대로 살펴보면, 원래는 쓰임이 다르지 않았지만, 오늘날 〔다례〕는 차를 가지고 행하는 종교적인 행사, 사람 중심의 의식적인 행사, 예의범절(禮儀凡節) 그리고 차와의 조화를 중심으로 한 분위기, 지식 등을 가리키고, 〔차례〕는 명절이나 조상을 기리는 날에 행하는 일반 민가의 속절제(俗節祭)를 가리킨다. 사전의 내용이 절대적이지는 않지만, 어휘의 활용이 실생활에서 분화되었음을 알 수 있다.

그럼 현실에서 〔차〕와 〔다〕가 활용되는 다른 어휘들을 한번 보자.

일상다반사(日常茶飯事)·항다반사(恒茶飯事)의 〔茶飯〕은 한자의 구성

(漢字成語) 상 〔다반〕으로 읽고 쓰였지만, 오늘날 차와 관련된 간단한 음식을 뜻하는 명사로 사용될 때는 거의 〔차반〕이 선택되고 있다. 한자 구성의 〔茶山〕은 인물의 고유명사일 경우에는 〔다산〕으로 읽지만, 차가 있는 산이라는 일반명사로 사용될 때는 〔차산〕으로 읽는다.

〔茶戶里〕처럼 고유지명은 공식화된 음가인 〔다호리〕로 읽지, 〔차〕의 음가로 누구도 읽지 않는다. 혹자는 〔茶神傳〕, 〔東茶頌〕의 〔다〕를 〔차〕로 읽기도 하지만, 한자어 구성의 고유명사는 대다수가 이제까지 통용된 〔다〕로 읽는다.

불교계에서 사용하는 어휘는 한자어 구성이라 〔다〕로 읽는다. 〔茶偈 다게〕, 〔茶角 다각〕, 〔茶毘 다비〕 등인데, 사용 주체와 언어 정서상 〔차〕로 쉽게 음가 변화하지 않을 것이다.

〔茶房〕은 차를 마시는 가게의 개념어로 〔다방〕으로 불렸지만, 오늘날은 '찻집'으로 대체되었고, 개인 집에서 꾸민 '차실'이나 차 보관하는 방을 지칭할 때는 '차방'이라고 한다. 〔茶菓〕는 차를 마실 때의 간단한 요깃거리를 뜻하는데, 일반적으로 〔다과〕로 읽는다. 그러나 '차과자'처럼 차를 직접 지칭할 때는 〔차〕로 읽는다.

완전 우리말이라는 인식이 스민 어휘들은 거의 〔차-〕로 활용된다. 차나무, 차밭, 찻집, 찻물, 찻잎, 찻숟가락 등이 예이다.

차의 종류나 제품, 차의 생산지, 차의 특질 등과 결합되면, 〔-차〕로 표기한다. 한국차, 중국차, 전통차, 녹차, 보이차, 인삼차, 쌍화차 등으로 그 사례는 부지기수다.

〔茶道〕와 〔茶文化〕는 〔차〕와 〔다〕의 음가 선택에 대립적 입장을 견지하는 사람들이 휘두르는 비장의 무기이다. 〔茶道〕를 〔차도〕로 쓸 때 일어나는 혼란을 언어의 사회성적 측면에서 문제 삼아 〔다도〕로 읽어야 한다는 것이고, 〔茶文化〕는 〔다문화〕로 과거에는 읽혔지만, 사회구성의 변동으로 인종·국가 다양성의 문화를 뜻하는 음가와 같아져 자연스럽게 〔차문화〕로 음가 변화되었다는 것이다. 지켜야 할 것은 지켜야 한다는 견해와 음가가 바뀌어도 아무 문제가 없다는 견해의 충돌이다.

• 〔차 / 다〕의 음가적 경쟁의 특성과 전망

우리 사회는 지금 〔다〕와 〔차〕가 치열하게 벌이는 경쟁을 보고 있다. 언어의 '역사성'은 망설이듯 더디지만, 결코 멈추는 법 없이 나아간다. 바로 〔다〕와 〔차〕가 역사적 운명을 걸고 백병전(白兵戰) 중이다. 누가 이길까? 물론 그 미래는 눈에 보인다. 어느 날 〔타〕가 말없이 소멸된 것처럼은 아니겠지만, 〔다〕의 이 막강한 힘도 시나브로 빠질 것이다. 경쟁 관계에 있는 언어는, 결국 우세언어만 남고 열세언어는 사라진다. 중국에서도 〔te〕가 〔chá〕보다는 열세였기에 소멸되었다.

우리의 고문헌을 살피면, 분명 역사적으로 〔다〕가 〔차〕 보다는 우세언어로 보이는데, 오늘날 〔차〕가 더 탄력을 받는 이유는 무엇일까? 간략하게나마 ① 수용 주체 ② 시대 가치 ③ 언어 정서로 나누어 접근해 보자.

① 차문화의 수용 주체는, 과거에는 분명 사대부 중심이었다. 하지만 사회적으로 문화 욕구가 커지면서 그 문화가 평민들에게까지 보편화되었을 것이다. 물론 이때 문화 계층의식의 분화로 언어까지 상류 계층과 평민 계층으로 이원화되었을 것이다. 〔차〕가 〔다〕보다 현대에 와서 더 우세해지는 이유도 차문화의 보편성이 큰 역할을 하고 있음이다. 특권의 문화적 우월의식이나 사상적 과시욕이 사라지면, 뜻을 직접 드러내는 어휘와 좀 더 쉬운 일상어가 통용되기 마련이다. 현대의 우세언어가 〔차〕로 굳어지는 것 또한 이런 이유다.

② 시대 가치는 문화 향유자가 문화를 어떻게 바라보고, 자국의 문화를 어떻게 평가하는가와 직결된다. 과거에는 문화가 수직적으로 이루어져, 특정 문화는 누리고 싶은 꿈이었을 것이다. 그것뿐이랴? 우리 사대부들에게 중국의 문화도 누려야 할 최고의 가치 덕목처럼 보였을 것이다. 그런데 오늘날은 어떤가? 한국인의 문화적 자긍심은 세계 최고라 해도 과언이 아니다. 굳이 바깥의 문화를 선망의 눈으로 보지도 않는다. 이는 언어의 '역사성'에 큰 영향을 준다. 변화한 시대 가치에 따라 언어가 생성되기도 하고, 소멸도 된다. 사상적 개념이 내포된 언어인 듯 활용되었던 〔다〕가 점차 직접적인 생활어, 일상어인 〔차〕에게 자리를 양보하는 것도 이런 이유다.

③ 언어는 정서를 가진다. 어휘 하나도 허투루 쓰이는 법이 없다. 언어가 주는 정서는 개인과 사회에 적지 않은 영향을 준다. 언어가 사회성을 가지는 이유가 바로 이런 정서적 특징 때문이다. 문화 주체자들이 오랜 시간 동안 창조하고 향유한 특정의 문화는 어느 날 갑자기 사라지지 않는다. 문화 언어도 마찬가지다. 그 문화가 갑자기 환골탈태하여 '신생어'·'열세어'가 '중심어'·'우세어'가 되는 경우가 없기 때문이다. 그 변화는 '사회성' 안에서 느리게 미적대며 일어난다. 하나의 언어일지라도 사회적 약속 없이 갑자기 소멸되지 않는 이유다. 〔차〕가 현재 우세언어라 하더라도, 〔다〕가 가지고 있는 정서를 언어 수용자들은 쉽게 놓치고 싶어 하지 않을 것이다. 세대가 가지는 정서는 그 세대가 저물어야 희미해지며, 그 세대가 언어에 투영한 정서 또한 마찬가지다. 순리란, 이런 것이다.

〔다〕와 〔차〕는 지금 생명을 건 긴 혈투를 소리 없이 벌이고 있다. 차인들은 언어 주체이면서 또한 객체가 되어야 한다. 개인적 철학과 사상, 정서에 따라 〔다〕나 〔차〕를 동시에 사용할 수도, 둘 중 한쪽을 밀어낼 수도 있다. 그것은 언어의 운명이고, 그 운명은 언어의 역사이다. 그러나 다만 한 가지, 자기 주관을 마치 객관적인 것처럼 일반화하는 과도함은 피해야 한다. 나 아닌 다른 언어 주체자도, 자기의 철학과 정서를 바탕으로 주관적 언어 선택을 할 수 있기 때문이다. 이것이 바로 언어의 '사회성'이고, '역사성'이다. 현재 보편적으로 〔다〕와 〔차〕 중에서 선택하여 쓰는 음가어를 개인·특정 단체, 특정 언론이 변화시키려 해서는 안 된다. 그리고 변

화가 되었거나 변화 과정 중에 있는 음가어를 버리고, 애써 소멸어를 유지시키려고 해서도 안 된다. 언어는 '사회성'과 '역사성'의 산물이기 때문이다. 얼마 동안은 〔차〕와 〔다〕의 음가가 느닷없이 "저요! 저요!"하며 고개를 내밀어 혼용됨으로써 부분적으로는 혼란도 있겠지만, 결국은 시간이 결정할 문제이다. 그냥 천천히 나아가도 될 일이다. 미래의 언어는 이미 결정되었고, 그 길은 지금 펼쳐지고 있다.

건조한 글이 길었다. 쓴 필자도 그렇지만, 혹 독자가 있다면 따분할 것이다. 서정적인 杜耒(두뢰)의 시 「寒夜(한야)」로 글을 끝맺는다.

寒夜客來茶當酒한야객래차당주 추운 밤 객이 와서 술 대신 차를 대접하려니
竹爐湯沸火初紅죽로탕비화초홍 죽로의 물은 끓고 화롯불 붉게 피어오르네
尋常一樣窓前明심상일양창전명 창밖의 달빛은 평소와 다를 바 없으련만
纔有梅花便不同재유매화편부동 단지 매화 피어 있어 그 정취 남다르네.

공연 차회의 다양성에 대한 소회

• 茶道無門(다도무문)

茶禪一如 百形茶法다선일여 백형다법	차와 선은 한가지나 온갖 다법 존재하고,
茶神一通 千處茶會다신일통 천처차회	차의 정신 일통이나 수많은 곳 차회 있으며,
茶性一品 萬情茶人차성일품 만정차인	차의 성품 하나지만 차인의 성정 수만 가지로다.
是故시고	이런 까닭에
茶道無門다도무문	다도에는 문이 없다네.

解題해제 ; 세상 온갖 다법이 존재하나 차와 선은 둘 아닌 하나이며, 수많은 곳에 차회가 있지만 차의 정신은 오직 하나로 통할 뿐이며, 차인의 성정 또한 가지가지이나 차의 성품은 결국 하나이다. 하나는 백, 천, 만 가지의 뿌리이며, 백, 천, 만 가지는 결국 하나의 분신이다. 안팎이 따로 없으며, 선악과 미추가 하나 되는 자리. 궁극의 심신이 일치하는 자리가 다름 아닌 '다도무문'이다.

이 글은 19개 차 단체가 모여 만든 진주연합차인회의 2013년도 기관지 『다도무문(茶道無門)』에서 제호(題號)의 의미에 대해 내가 조심스럽게 제시하고 밝힌 것이다.

'다도무문(茶道無門)'은 효당스님이 자주 썼던 말로, 혜개선사(慧開禪師, 1182~1260)의 공안 모음집 「무문관(無門關)」 서문에 제시된 아래의 게송(揭頌)에서 차용한 것이다.

大道無門대도무문	큰 도를 이룸에는 별도의 문이 없으나
千差有路천차유로	거기에 이르는 길은 수 없이 많나니
透得此關투득차관	이 문 없는 문을 꿰뚫고 나아가면
乾坤獨步건곤독보	천하를 홀로 당당히 걸으리라.

'다도(茶道)'. 우리가 차를 마시면서 흔히 내뱉는 말이다. 그러나 여기에 이토록 큰 함의(含意)가 있음을 간과(看過)하지나 않았는지 반성해 볼 일이다. 옷 곱게 차려 입고, 다양한 기물(器物) 펼쳐둔 채 조용한 음악 틀어놓고, 격식 차린 행동으로 우아하게 차를 나누는 걸 '다도'라고 하지 않았는지? 아니면 명상음악 틀어놓고 눈 살며시 감고 감상하듯 앉아 있다가, 고요히 차 한 잔 마시는 걸 '다도'라 하지는 않았는지? 집에서 가족들과 자주 차를 마시는 사람들은 알 것이다. 차 마시는 것이 그냥 일상일 뿐 전혀 새롭거나 성가실 일이 아님을. 그러나 어쩌랴! 여기에 다도의 지평이 있음인데...... 사람 많은 곳에서 '갖추기, 차리기, 보여주기'는 '일상차(日常茶)'라기

보다는 공연차(公演茶)에 다름 아니다. 공연차는 다른 무엇보다 형식미에 우선 초점이 맞춰져 있다. 공연 예술적 성격이 짙은 것이다.

• '백차 시음회(百茶試飮會)'의 기억

2000년도 가을의 일이다. 강화 전등사에서 '백차 시음회(百茶試飮會)'를 연다는 친구 도륜 스님의 말에 찾아간 적이 있다. 백차 시음회에 앞선 식전 행사에 차회 공연이 펼쳐졌다. 가을이어서인지 차회 공연하는 사람들이 찻자리에 입장하면서 코스모스 꽃을 뿌리며 들어왔다. 아마 산화공덕(散花功德)의 의미를 품고 있었을 것이다. 곱게 차려 입은 한복과 꽃, 가을의 산사 풍취가 그런대로 잘 어우러졌다. 그런데 멀찍이서 보고 있자니 마음이 불편해졌다.

"저 사람들 정신이 없어. 우리 꽃도 많은데 왜 하필이면 코스모스를 뿌려. 그것도 봉오리만 똑똑 따서는......"

"다건(茶巾)을 접는 것 좀 봐. 너무 산만해. 그리고 차를 우리는 자세도 너무 경직되어 있잖아. 그냥 집에서 차 마시듯이 하면 될 것을......"

"한복 색상이 너무 화려하지 않아? 난 무명으로 만든 차 단체복이 좋더라. 수수해서 차의 정신과도 어우러지는 것 같고......"

곳곳에서 터져 나오는 웅성거림에 편안하게 맘껏 볼 수도 없었다. 백차 시음회를 하는 숲 쪽으로 발걸음을 옮기면서 마음이 복잡해졌다.

"차를 마시는 것이, 마음과 행동의 자유를 위해서임이 분명할진대, 왜 잣대를 들이대고서는 규격화되어 있는 것처럼 계측화(計測化)하려 할까? 대중 앞에서의 '차회 시연(茶會試演)'은 어차피 그 차 단체의 '대중 공연(大衆公演)'의 성격을 띨 뿐인데......"

그 뒤로도 몇 번의 공연차회를 본 적이 있다. 그러나 별반 다르지 않은 형식의 공연이었고, 역시 별무차이의 반응들이었다. 굳이 말하자면 차회 공연은 옷차림과 기물과 행위의 미세한 차이일 뿐이고, 평가 반응은 매서움과 은근함의 차이일 뿐이다.

• 차회 방식의 다양성

우리가 차를 마시면서, 간혹 고적(孤寂)을 즐기다 보면, "아! 이런 걸 두고 신묘한 경지라고 하는구나."고 느끼게 된다. 대중 앞에서의 시연 또는 공연을 보며 느끼는 감정과는 사뭇 다르다. 물론 '차인'들을 초대하여 가지는 차회 때의 분위기와도 차이가 있다. 비록 같은 차일지라도, 마시는 방식은 같지 않으며, 또 마시는 사람은 동일할 지라도 마음가짐은 동일하지 않은 것이다.

우리가 어떤 목적지를 향하여 나아갈 때, 홀로 호젓함을 즐기며 휘적휘적 갈 수도, 사랑하는 사람과 다정하게 손잡고 걸을 수도, 여럿이서 담소를 나누며 탈 것에 올라 쉬이 갈 수도 있다. '누구와', '어떤 상태', '무슨 이유'에 따라서, 가는 방법도 마음가짐도 달라진다, 차 마시는 방식 또한 다르지 않다. 화려한 퍼포먼스처럼 보여주기 중심이 되어야만 하는 자리도 있고, 그냥 소소한 즐거움 속에서 자연스럽게 마셔야만 하는 자리도 있다. 무슨 규격이나 정해진 문이 따로 없다. 상황과 처지를 살펴, 적절하게 기물을 준비하고 차를 마시면, 그게 바로 최상의 찻자리 예법을 지킨 차회가 되는 것이다. 가타부타 잘잘못을 따질 건더기도 없고, 어떤 방식이 최고의 방식이라는 등식도 없다.

물론 차회도 많고, 차인들의 성품도 제각각이어서 차를 대하는 마음과 행위의 차이는 있을 수 있다. 하지만 거기까지일 뿐이다. 하나의 목적지라 하더라도, 가는 이유는 다양하며 또 그만큼의 방식도 다양하다.

차 생활을 통하여, 깊은 마음의 세계인 선열미(禪悅味)를 느끼고자 하는 사람도 있고, 실체도 모호한 차인이라는 과시미(誇示味)를 맛보고자 하는 사람도 있을 것이다. 가족과 구성원의 화합미(和合味)를 찾는 사람도 있고, 좋으니 안 좋으니 옳으니 그르니하며 분별미(分別味)를 가꾸는 사람도 있을 것이다.

차는 그냥 생활에서 즐기는 맑은 음료의 일종일 뿐이며, 차인은 기호물인 차를 좋아하고 즐겨 마시는 사람 이상이 아니다. 다만 차는 철학적 외연(外延)을 넓히고, 심행(心行)을 수양해 나아가는 최적의 수단이고, 차인은 그걸 통하여 격조 있는 사람이 되었음을 뜻한다.

사람이
풍경으로 피어날 때가 있다
앉아 있거나
차를 마시거나
잡담으로 시간에 이스트를 넣거나
그 어떤 때거나

사람이 풍경으로 피어날 때가 있다
그게 저 혼자 피는 풍경인지
내가 그리는 풍경인지
그건 잘 모르겠지만

사람이 풍경일 때처럼
행복한 때는 없다.

정현종의 「사람이 풍경으로 피어나」란 시다. 사람도 풍경일 때가 가장 행복한 때이며 가장 빛나는 때이다. 물 흐르듯 자연스럽게, 꾸며진 듯이 꾸미지 않은 순간순간의 그림이 바로 풍경이다. 차를 마시면서 꾸미고 모양 짓는 작위(作爲)가 있다면, 그것은 이미 풍경 바깥의 보이지 않은 무가치한 부분이다.

• 차회의 궁극적 지향성

우리나라의 차 예법(茶禮法)의 전통성과 정통성을 바로 세우기 위해서는, 풍경의 바깥과 같은 무가치한 부분에 힘을 너무 쏟아서는 안 된다. 선차 발표회든 아니면 고구려·신라·백제·고려차회든, 너무 퍼포먼스적 성격에 치우칠 것이 아니라, 절제미(節制美)가 드러나는 생활차회가 기반이어야 한다.

공연차회가 생활차회와 평행선을 달리듯 하는 것은, 차의 성격과도 배치될뿐더러 차 문화의 발전에도 도움이 되지 않는다. 공연을 본 사람들에게 일회성의 문화적 감동을 넘어 실상에서 향유하고자 하는 일상적 감동이 되게 해야 한다.

"우리의 차 문화는 뭔가 뚜렷한 실체가 없어요. 전국적으로 많은 차회가 결성되어 있고, 봄철이면 차 축제도 많이 펼쳐지고, 연중 차 관련 행사도 적지 않습니다. 하지만 그런 행사장에서의 행다(行茶) 시범을 보면, 차회 집단마다의 조금의 변화를 가지고 독자적이라고 표현합니다. 우리 차 생활의 실상이라고 보면 되지요. 꼭 뿌리 없이 서 있는 고목 같아요."

"이렇게 보면 어떨까요? 바다로 흘러가는 도도한 차의 세계인 강물에, 수많은 지류들인 차 단체와 다법(茶法)이 섞이는 것으로요. 물빛이나 그 속의 생명의 차이는 있을 지라도 결국은 하나가 되어 바다에 도달하니까요. 궁극적으로는 차를 마시며 마음 행복하고, 몸 건강해지고, 주위 평화로우면 되는 것 아니겠어요."

중국의 선차 시연. ©박홍관

몇 년 전 차회를 펼치는 자리에서 옆에 앉은 분과 우연히 나눈 얘기의 한 부분이다. 내 생각은 지금도 변함이 없다. 어떤 마음으로 차를 대하든, 어떠한 방식으로 차를 마시든 결국은 그 중심에 차가 있기 때문이다.

차의 세계는 미래로 쉼 없이 나아갈 것이다. 또 차인들은 그 안에서 새로운 자기의 영역을 찾으려 할 것임이 분명하다. 하여 끊임없이 새로운 차가 탄생할 것이고, 저마다의 차별성을 내세우며 다법(茶法)도 생겨날 것이다. 걸러진 것은 사라질 것이고, 가치 있는 것은 생명력을 지닐 것이다.

문 없는 넓은 길, 차의 세계에서 반짝이며 나타났다가는 흔적 없이 사라지는 수많은 문들과 길들은 그냥 바라볼 일이다. 차의 세계는 마침내 건곤독보(乾坤獨步)해야 할 나만의 세계이기 때문이다. 다만 있는 그대로 바라보고 마시고 즐기고 느끼면 될 일이다.

녹차의 냉성(冷性)과 속 쓰림의 허구

• 녹차의 성분과 향(香)·미(味)·색(色)의 결정 요인

녹차를 마시다 보면, 간혹 후각과 미각에서 살짝 감돌다 사라지는 풀 비린내 나는 맛이 거북스러울 때가 있다. 제다(製茶) 과정이 정치(精緻)하지 못 했다는 방증(傍證)이다.

일반적으로 찻잎에는 약 80여 종류의 방향 성분이 들어 있는 것으로 밝혀져 있다. 방향 성분은 말 그대로 쉽게 휘발되는 성질이다. 그런데 생엽의 방향 성분은 당류(糖類)와 결합된 글리코시드(glycoside, 배당체)형태로 고정되어 있다. 차나무에 달린 찻잎의 향이 열은 것도 그 이유에서다. 하지만 찻잎을 채취하는 순간부터 가수분해효소(hydrolase)의 작용으로 수분의 증발과 함께 휘발성이 강하게 나타난다.

찻잎에 가장 많이 들어 있는 방향 성분의 60% 이상은 시스-3-헥세놀(cis-3-hexenol)인 리프알코올(leaf alcool)이다. 리프알코올의 농도가 진하면 강한 풀 비린내가 난다. 어린 시절 풀잎이나 나뭇잎을 손으로 만지고 놀다가 풀물이 밴 손바닥의 냄새를 맡아 본 경험을 떠올리면 된다. 이 비릿한 풀 비린내의 리프알코올도 농도가 묽게 희

석되면 풋풋하면서도 산뜻한 향기(淸香)로 변화한다. 제다 과정의 쇄청(曬靑), 양청(晾靑)이 향기의 결정에 중요한 역할을 하는 것도 이 때문이다.

그렇지만 녹차의 맛은, 휘발성 방향 물질보다 카테킨(Catechin)과 테아닌(theanine), 아미노산(amino acid) 등의 비휘발성 풍미 성분에 더 영향을 받는다. 이 카테킨과 테아닌, 아미노산에 의해 쓴맛과 떫은 맛, 감칠맛이 느껴진다. 차의 달콤쌉쌀, 상큼·구수, 깔끔·산뜻한 맛은 이 성분들이 제다의 과정을 거치면서 만들어 내는 복합적인 맛으로 보면 된다.

녹차의 탕색은 어떤가? 녹황색이든 담황색이든 플라보놀 배당체(Flavonol glycosides)에 의한 황색계가 주체이다. 우린 찻물을 공기 중에 그대로 두거나, 열을 지속적으로 가하면 옅은 황색이 점차 적갈색으로 변한다. 이는 카테킨이 공기 중에서 산화되기 때문이며, 카테킨과 아미노산, 당 등이 물과 고온에서 반응하여 생긴 변화 때문이다. 습기에 노출되어 방치된 차를 우리면 갈홍색의 찻물이 되는 것도 이와 무관하지 않다.

• 차 만들기(製茶)의 중요성

찻잎에 들어 있는 성분들을 유지·변화시켜 맛과 향기뿐 아니라 몸에도 좋게 만드는 것이 제다(製茶)이다. 단순한 찻잎이 제다 과정을 통해서 드디어 색·향·미·기(色香味氣)의 완전체(完全體)가 된다. 우리가 차를 마시면서 오감(五感)을 활용하는 것도 색·향·미·기의 완전체인 차와 오롯하게 한 몸이 되고자 하는 뜻이다. 특히 섬세한 맛과 향을 지닌 우리 녹차를 대하면 더욱 그렇다.

그런데 오늘날 이 완전체인 우리 녹차를 마시면서 건강이 안 좋아졌다고 읊어대는 얼치기 차인들이 많다.

"난 오랫동안 녹차를 마셨지만, 요즘엔 거의 마시지 않습니다. 속 쓰림 때문이지요. 녹차를 오래 마시면서 위(胃)가 안 좋아졌어요. 의사도 녹차가 위에 자극을 주는 카페인 음료라고 못 마시게 하였습니다."①

"보이차는 많이 마셔도 괜찮은데, 녹차를 마시면 꼭 속이 쓰려요. 고맙지만 저는 이 녹차를 한 잔만 마시고 안 마실게요. 오래전부터 녹차를 많이 마시다 보니 위가 약해졌어요."②

이런 표현은 차를 마시면서 너무 흔하게 듣는다. 식상함을 넘어 짜증이 날 정도이다. 차를 오래 마셨다고 은근히 자랑을 하면서도, 차에 대한 무지(無知)는 자폭 수준과 다름없다. 한술 더 떠서 초토화 수준의 말을 듣는 경우도 있다.

"녹차만 마시면 속이 아프고 잠이 안 와요. 커피도 아무런 문제가 없고, 홍차나 보이생차를 마셔도 괜찮은데, 유독 녹차만 그래요."③

"○○ 녹차는 빈속에 여러 잔 마셔도 아무 탈 없어요. 그런데 다른 집의 녹차는 식후에 한두 잔만 마셔도 속이 쓰릴 때가 있어요.

그래서 그 녹차 외에는 안 마셔요."④

우리 녹차에 대한 안 좋은 추억이나, 특정 차농(茶農)에 대한 좋은 기억만 가진 사람의 표현이다. 이럴 땐 문득 찻자리 펼쳐서 묻고 싶다. 지금 당장 아주 객관적 상황을 연출하여 시험해도 되는지? 또 이런 표현을 하는 사람도 있다.

"요즘은 옛날보다 오히려 녹차를 못 만드는 것 같습니다. 우후죽순(雨後竹筍)처럼 제다농가(製茶農家)가 생기다 보니, 수작(秀作)보다는 졸작(拙作)이 더 많아요. 차를 만들면서 적정한 불조절(溫度 調節)을 못한 게 분명해요. 녹차를 마시면 몸이 차가워지는 것도 그 때문일 거예요."⑤

"이 차는 슬쩍 뜨거운 물에 데친 다음, 솥에서 덖으며 끝 마무리한 녹차입니다. 그래서 이 차는 뜨겁게 열탕을 해도 되고, 빈속에 마셔도 괜찮습니다. 차의 냉성(冷性)을 다스려 그냥 찐차나 덖음차보다는 확실히 몸에 더 좋습니다."⑥

일견 맞는 말 같지만, 시장의 질서를 무시한 발언이면서, 자신의 시각(視覺)을 성급하게 일반화해서 진단한 오류이다. 또 과학적 합리적 접근이 아니라 자기가 만든 차에 대한 아전인수격(我田引水格) 해석일 뿐이다.

녹차는 채다(採茶), 살청(殺青), 유념(柔捻), 건조(乾燥)의 과정을 거친다. 이 중에서 가장 중요한 것이 살청이다. 살청은 뜨거운 솥의 열기에 의해 찻잎 속에 있는 효소의 활성을 억제시켜 산화발효가 일어나지 않게 하는 과정이다. 솥의 온도, 차의 양, 덖거나(炒青) 찌는

(蒸青) 시간을 잘 맞춰야 한다. 잎이 타거나 물러지지 않아야 하고, 줄기 속까지 잘 익어야 한다. 우린 녹차에서 풀 비린내가 미세하게 남아 있거나, 약간 구수한 듯하면서도 신선한 감미가 입과 코를 감싸지 못한다면 살청이 충분히 되지 않았다는 방증이다.

제다 과정에서 차가 충분하게 살청(殺青)만 되어도 이미 앞에서 한 여러 말들은 설 자리를 잃게 된다. 위의 말들을 한 번 찬찬히 살펴보자. ① 은 녹차가 카페인 음료이기에 속을 쓰리게 하고, 위를 상하게 한다는 취지이다. 이럴 때 드는 의구심이, 술꾼들이 폭음(暴飮)하듯이 차를 마시지도 않았을 텐데 하는 점이다. 평소에 얼마나 차를 많이 마셔서 그런 증상이 나타났을까? 녹차도 한 잔 못 마실 정도의 위라면, 앞으로 마시고 싶거나 먹고 싶은 많은 음료와 음식을 어떻게 할까? 들으면서 걱정이 된다. 만약 이렇게 말한 분이 차인으로 활약한다면 이미 조종(弔鐘)이 울린 것이다.

② 의 말도 ① 과 같지만, 한 가지 다른 점이 있다. 녹차 한 잔이 두려운 예민한 위이기는 하지만 보이차는 괜찮다는 점이다. 보이차도 덜 숙성된 생차이거나 덜떨어진 숙차라면 분명 문제가 나타날 것임에도, 녹차와는 다르게 위에서 작용한다는 전제. 부드러운 음식을 포만감 있게 먹었거나, 기름진 음식을 먹은 다음에 마시는 감미로운 녹차 한 잔의 여유까지도 내던진 일이다 싶어 안타깝다. 위(胃)의 건강 문제는 녹차 한 잔의 부담에서 생겼다기보다는 생활과 정서의 복합적 산물임이 분명하다.

그렇다면 ③ 은 어떤가? 녹차의 카페인으로 인한 불면증의 호

새순이 돋는 봄날의 차밭. ©도륜스님

소이다. 커피도 괜찮고 홍차나 보이생차도 불면증과는 무관한데, 녹차만 그렇다는 관점이다. 참 괴이한 것은 카페인의 함량이 녹차가 커피보다 적다는 데 있다. 그리고 홍차와 보이생차와 비교해도 녹차의 카페인이 결코 많지 않다는 것. 분명 개인의 심리적 문제가 내포되어 있으리라는 의구심이 고래 심줄처럼 질기게 일어난다.

④ 는 특정 집에서 만든 녹차만 괜찮다는 주장이다. 빈속에 마셔도 괜찮은 녹차와 식사 뒤에 마셔도 문제가 생기는 녹차의 간극(間隙). 참으로 설명이 쉽지 않다. 좋은 찻잎, 충분한 살청, 정성 들인 유념, 완전한 건조의 네 가지 조건이 완벽한 차와 그렇지 못한 차의 차이라면 문제가 없을진대, 그렇지 않으니 골칫거리 주장이다. 객관적·과학적·합리적 관점에서 제다 특성을 살펴보고 수용해야만 주관적 맹목성에서 탈피할 수 있으리라 생각된다.

⑤ 는 살청이 충분히 되지 않은 차로 인한 몸의 병폐를 지적한 말. 찻자리에서 오가는 유독 많은 주장 중의 하나가 녹차를 마시면 몸이 차가워진다(冷)는 것이다. 녹차를 매일 되술이나 말술 마시듯 한 것이 아님에도 냉해(冷害) 타령이다. 우리가 먹는 오이나 수박도 냉한 식품이지만 감당 못 할 만큼 매일 먹지 않는다. 그리고 매일 먹는 나물 중에도 냉한 식품이 많지만, 데쳐 먹고 익혀 먹는다. 녹차의 살청과 그 차를 뜨거운 물에 우려 마시는 것과 같은 이치다. 간혹 식사 뒤에 갖는 녹차 몇 잔의 찻자리에서조차 몸의 차가움을 얘기한다면 그건 블랙 코미디다. 차라리 몸이 차가워질지언정 그 여유를 잃지 않는 것이 나으리라.

⑥ 은 증제차나 덖음차 보다는 데친 다음 덖는 녹차가 제일이라는 주장이다. 단순 이론에서 출발한 제다법이다. 나물 데침과 볶음의 이중성으로 차의 독성을 없애고 약성을 높인다는 것. 차는 취향이며, 만드는 기법 또한 취향과 관련이 깊다. 좋은 찻잎으로 충분한 고온을 유지하며 덖은 녹차나 적절한 온도로 몇 번의 찌고 말림을 거친 녹차는 이미 냉성이 사라진 유기체다. 취향과 기호를 무시한 일방적 주장은 허공 속의 메아리일 뿐이다.

• 「새벽 차 한 잔」

세상의 한 귀퉁일 내주고라도
불은 피워야 한다
불 지펴 물 끓이고
물보다는 먼저 가슴 닳이는
새벽 차 한 잔
뜨거운 내음으로 마셔야 한다
독이 되든 약이 되든
밤을 새운 혼돈의
내 어둠과 울음
캄캄하게 가슴 휘젓듯
먹빛 고르게 타서

내 몸 녹이고
드디어 허물까지 벗어드는
이 아침
나는 한 잔의 차를 들고 있다
나를 마시고 있다

「새벽 차 한 잔」이라는 성춘복 시인의 시다. 가슴 닳이는 차 한 잔인데, 어이 독(毒)과 약(藥)을 구별하랴! 아니 미(美)도 추(醜)도 버리고, 좋아함(樂)도 싫어함(惡)도 버려야 한다. 차는 고요한 마음으로 누리는 것이지, 혼돈의 상태로 분별하는 것이 아니다. 그렇게 할 때에야 차를 마시며 허물을 벗을 수 있으리라. 그럴 때에야만 나와 차가 하나가 되고, 차를 마시는 것이 바로 나를 마시는 것이리라.

차는 색·향·미·기(色香味氣)의 유기체(有機體)이면서 심신을 맑고 고아하게 만드는 완전체(完全體)이다. 내 몸의 냉성이나 속 쓰림은, 결코 차의 문제가 아니라 내 생활과 정서의 산물이다. 차를 앞에 두고 일으키는 냉성이니, 속 쓰림이니 하는 얼토당토 않는 분별심은 지우자. 녹차는 푸른 아름다움을 지닌, 인간 세상의 공신(功臣)이며, 어떤 잣대로도 걸림 없는 무죄(無罪)의 전형(典型)이기에.

녹차 열탕론(綠茶 熱湯論)에 대하여

• 보편적 차 우리기

"물을 충분히 끓인 후, 물 식힘 그릇에 부어 잠시 식힌다. 다관에 차를 적당량(1인분 약 2~3 티스푼) 넣고 식힌 물(70~80°C)을 다관에 부어 약 1~2분간 우려 마신다."

시중에서 유통되는 한국 녹차 포장에 적혀 있는 차의 보편적인 음용 방법이다. 찻물 온도 70~80°C와 1~2분이라는 차 우리는 시간이 거의 예외 없이 지침서처럼 제시되고 있다. 그래서일까? 녹차를 즐기는 대부분의 사람들이 이 방식으로 차를 마셨고 또 마시고 있다. 하지만 차를 계속 마시다 보면, 감싸 쥔 다관(茶罐)이나 찻잔의 열감만으로도 온도계와 시계에 의존한 것보다 훨씬 더 맛있게 차를 우릴 수 있게 된다. 차의 맛은 차를 가까이 한 시간과 비례하고, 차를 대하는 이의 마음과 일치한다.

세월 저편으로 넘어간 나의 갓 스무 살 시절, 어디 녹차 한 통이라도 구입하면 보석처럼 차를 펼쳐놓고 지침과 비슷하게 마셨다. 뜨겁지도 미지근하지도 않게 우려진 따뜻한 차. 입안을 촉촉하게 적시고 목안을 부드럽게 타고 흘러 들어가는 차. 몸을 훈훈하게 하고 마음을 고요하게 하는 차. 구수하면서 풋풋하고, 쓴듯하면서 감미롭고, 떫은듯하면서 향긋한 차는, 잡힐 듯 멀어져만 가는 꿈속의 연인처럼 늘 나에게 상사몽(相思夢) 같았다. 그렇게 오랜 기간을 지침과 크게 다르지 않게 차를 마셨고, 상사몽은 이제 옆에서 코를 골며 자는 아내처럼 일상의 현실몽(現實夢)이 되었다.

이제는 차도 흔하고, 종류도 다양하고, 마실 곳도 곳곳에 있다. 그래서일까? 요즘 심심치 않게 녹차 마시는 방식을 두고 왈가불가하며 자신을 은근히 드러내는 사람들을 만나게 된다. 이미 차를 오랜 기간 마신 사람들이 몇 번 해보다 슬쩍 뒤로 제쳐둔, 한때의 감성으로 넣어둔 책갈피 속의 꽃잎 같은 방식을 다시 꺼내든 사람. 한마디로 '차를 뜨겁게, 몸을 뜨겁게…' 우리 녹차의 열탕론자(熱湯論者)들이다.

• 녹차 열탕의 예찬 방식

"이 녹차에 끓는 물을 그대로 부어 열탕으로 드셔 보세요. 이렇게 잘 만들어진 녹차는 열탕으로 마시는 것이 좋아요. 물을 70~80°C 식혀서 차를 우리게 하는 것은 쓴맛과 떫은맛 때문이지요. 차를 잘 만들면 그런 걱정할 필요가 없어요. 펄펄 끓는 물에서도 우려 마실 수 있느냐가 차의 질을 가름하는 것으로 보면 됩니

금당차문화원 차실. ©박홍관

다."

"......"

나에게 건네진 차는 다만 고요히 마시면 된다. 굳이 말을 섞을 필요가 없다. 차는 기호음료일 뿐이니까! 펄펄 끓여 마시든 사각 얼음 덩어리로 만들어 먹든.

"어때요? 그냥 따뜻하게 마시던 차와는 다르지요? 녹차도 이렇게 뜨겁게 우려야 하고 또 마셔야 합니다. 이렇게 마시면 속도 쓰리지 않고 몸도 따뜻해집니다. 녹차를 오래 마셨다는 사람들 중에는 속이 안 좋다느니 몸이 차가와졌다느니 하는 사람들이 많습니다. 어김없이 잘 못 만들어진 차를 뜨겁지 않게 마셔서 그런 것입니다. 앞으로는 이런 좋은 차를 구해서 꼭 열탕으로 드세요."

"아, 예......"

이런 자리는 참으로 난감하다. 순식간에 여태껏 내가 마셔온 차가 좋지 않은 차이며, 수많은 사람들이 마셔온 방식이 올바른 방식이 아닌 것으로 매도된다. 계속 이어지는 계도식(啓導式) 말에 녹록치 않은 반론도 하고 싶지만, 찻자리는 개개인의 마음이 편안하고 즐거워야 한다. 그냥 웃으며,

"그렇게 마셔도 좋지요. 차 마시는 방식이 차에 따라, 사람에 따라, 상황에 따라 달라져야 하니까요. 찻자리든 그 어디에서든 전체를 고려하지 않은 획일적 방식의 고집이 문제겠지요...... 차 맛 참 좋습니다."

내가 굳이 해야 할 달가운 말도 아니고, 듣는 상대방도 달가운

말이 아님은 분명하다. 그러나 대답하지 않는 것이 더 이상할 것이니, 어쩔 수 없이 내뱉은 최소한의 반론을 섞은 나의 대답이다.

• 녹차 열탕의 허·실

녹차의 열탕 예찬에는 세 가지 이유가 뒤섞여 있다. 하나는 중국차 음용 방식의 보편성에 따른 것이다. 우리 사회에 몰아닥친 보이차(普洱茶) 열풍은 차 문화의 전반에 적지 않은 영향을 끼치고 있다. 우리 녹차의 열탕 우림 방식도 그 영향의 하나로 보면 된다. 보이차는 엽맥(葉脈)이 굵고 튼실한 대엽종 찻잎으로 만들고 후발효시키는 과정이나 시간을 가진다. 하여 보이차는 뜨거운 물을 부어야만 찻잎 안의 유효 성분이 충분히 우러나고 맛도 살아난다. 뿐인가? 약간 식힌 물로 우리는 녹차에 비해 시간을 짧게 하여 차를 빨리 우린다. 이렇듯 보이차만의 열탕 이유가 분명함에도, 뜨겁게 마시는 방식을 우리 차에 적용하여 다른 사람과의 차별화를 꾀하는 것이다.

다음으로는 냉(冷)한 체질론과 관련된 기우(杞憂)에서 출발한다. 한의학 상식이 보편화된 시대이다 보니, 차가 냉하다는 말이 심심치 않게 들린다. 심지어 녹차를 마신 뒤에 속(胃)이 안 좋아져 건강을 해쳤다는 사람도 많다. 사실 차를 즐겨 마시는 사람도 일상적으로 하루에 한 번이나 두 번 정도 마실까 말까한 것이 녹차다. 이런 녹차를 두고 건강 상실의 주범처럼 말하는 것은 어불성설(語不成說)이다. 빈속도 아니고 또 한두 번의 찻자리에서 뜨끈한 몇 잔의 차를 마셨다고 속을 버리고 몸도 냉해질까? 정말 그렇다면 그 사람은 이미 차가 아니더라도 건강에 적신호가 켜진 상태였을 것이다.

마지막은 만들거나 소장한 차의 우월성에 대한 선포이다. 잘 만든 차이기에 열탕으로 우려서 마시는 것이 좋다며, 차회에 참석한 손님들에게 강권하다시피 한다. 펄펄 끓는 물에서 우려먹도록 권장하지 않는 차는 '잘못 만들어진 차'라고 단정 지어 말한다. 물론 고온 살청(高溫殺青)을 거친 잘 만들어진 차라면 펄펄 끓는 물에서도 감미로운 맛을 낼 수도 있다. 하지만 그렇다고 좋은 차의 기준이 찻물의 온도에 달려 있는 것은 아니다.

이즈음 녹차를 차가운 물에서 오랫동안 우리는 냉침(冷浸) 방식도 살짝 유행을 타고 있다. 이 또한 나쁘지는 않다. 차를 우리는 방식의 다양성을 위해서이기도 하고, 차갑게 우려진 진한 차를 마심으로써 입안에 남는 향미(香味)를 음미하기 위해서도 괜찮다. 차와 사람의 체질, 찻자리의 분위기, 때와 장소, 계절에 따라 찻물의 온도는 다양하게 달라질 수 있다. 차는 분명 사회화의 도구이면서 기호음료이다. 개개의 취향이 자유롭게 조화를 이루며 차를 즐길 수 있어야 한다. 특정 방식의 차 마시는 법을, 혼자만의 비법인양 최고라고 떠들 필요도 없고, 계도할 필요도 없다. 상황에 따라 맛있게 우려서 마시면 될 뿐이다.

• 다만 편안하게, 「녹차를 마시며」

너를 마시며
견디는 법을 배운다

달콤함도 요사함도 가지지 않은 네가
무슨 특별한 위안을 건네줄까만

소리내지 않고 걷는 아둔함과
그 아둔함의 정직으로부터 오는
내밀의 고요는

꿀벌의 밀랍 같은
비밀한 이야기를 지니고 있다

너를 마시며
견디며 꿈을 꾸는 법을 배운다

옷자락 스치는 소리도 내지 않았던
조선 여인네의 향기가 네게 있으니

안으로 잦아드는 법을 배우면

은밀한 그들만의 풍요로움이
찌들은 가슴도 데워 덥히리

너를 마시며
견디며 숨을 쉬는 법을 배운다
견디며 사랑하는 법을 배운다

홍수희 시인의「녹차를 마시며」이다. 이 시에서처럼 차는 무슨 강렬한 맛과 향으로 사람을 자극하지 않는다. 그러나 우리는 그런 차를 마시면서, 살며 사랑하는 법을 배울 수 있다. 우리의 차는 조선 여인네의 삶처럼 아니 그 삶에서 우러나는 향기처럼 은근하다. 구수한 듯 떨떠름하고, 달콤한 듯 씁쓰레하며, 풋풋한 듯 그윽하다. 뜨겁지도 밍밍하지도 않게 우린 따스한 차 한 잔에 가슴은 데워지고 삶은 또 견딜 수 있게 된다. 차가 요사하지 않기에 차를 마시는 사람도 요사해서는 안 된다. '이런들 어떠하고 저런들 어떠하리?'와 같이 자연스럽게 차를 마셔야 하고, 편안하게 차 생활을 즐겨야 한다.' 차를 마시는 제각각의 방식과 특성은 자연스러운 개성의 발로이다. 단견이나 외고집을 버리고 그냥 마시면 될 일이다. 남에게 부담 주지 말고 저 편안한 방식으로 다만 마시면 될 일이다. 차 마시는 방식은 기호의 차이에서 생겨난 단순한 선택 사항일 뿐이다.

중국차를 바라보는 관점의 허와 실

• 중국차를 바로 보기 위한 문제 제기

'발전'은 사물 현상이 단순하고 낮은 단계로부터 복잡하고 높은 단계로 옮겨가는 목표지향적이며 가치지향적인 변화를 일컫는다. 이는 양적 성장뿐 아니라 질적 향상까지 포괄하는 개념이다. 따라서 발전은 단순한 성장과는 구별되며, 또 자연적이라기보다는 인위적·계획적인 노력의 성과라는 의미를 가진다.

세계 문화가 창조적으로 혼융(混融)되면서도 다분화(多分化)하는 현실에서 '발전'은 도태되지 않고 미래로 나아가게 하는 지표이다. 현실에서 '정체(停滯)'는 단순한 제자리걸음이 아니라 '소멸'과 동의어가 된지 오래다.

우리가 지켜내야 할 전통 문화도 실상은 다양한 문화와 혼융되면서 발전해 온 것이다. 고착화된 체 전승해온 현상이나 형상이 아니라 시대와 현실의 목표와 가치에 맞게 발전한 성과물이다. 문화는 본질적으로 사회의 재생산이라는 기능에 큰 의미가 있다.

관점을 축소해 우리 전통차 문화를 살펴도 결코 다르지 않음이 확인된다. 동아시아 차문화라는 거시적 관점에서 목표지향성과 가치지향성을 살펴야만 우리의 전통차 문화를 바르게 인식할 수 있기 때문이다. 문화의 발전은 지역과 사회, 민족과 국가의 상호 관계성 안에서 그 속도가 배가될 뿐더러 간단(間斷)없는 뚜렷한 목표점도 선다.

실상이 분명 이러할진대, 우리 차(茶)의 외연에 존재하는 중국차를 우리 차인(茶人)들은 꼭 바둑판 위의 '흰 돌', '검은 돌' 보듯 한다. '옳다', '그르다'가 아니면 '내 것', 네 것'인 것이다. "이래서는 우리의 차와 차문화가 간단없는 발전을 할 수 있을 것인가?"고 푸념이 절로 나온다.

현재 중국차의 양적 공세가 얼마나 파상적인가? 우리의 차를 이 시대에 적합한 최고의 음료가 되게 하기 위해서는 중국차를 바라보는 우리 차인들의 관점이 정확해야 한다. 우리 차의 발전은 독자론(獨自論)이나 고립론(孤立論)에서 찾을 수 없음이 자명한 터. 중국차에 대한 관점의 허실(虛實)을 시급히 바로 잡아, 우리 차의 발전 방향성을 정립해야 한다. 우리의 차는 세계의 차 특히 중국의 차와 무관하게 발전할 수 없기 때문이다. 우리 차의 외연에 포진하고 있는 다양한 차와의 혼융 안에서 우리 차도 역시 다분화하여 발전해 나가야 한다. 간단없는 우리 차의 발전을 위해, 이즈음에 차인들의 중국차에 대한 관점의 허실을 조목조목 한 번 살펴보는 것도 뜻깊으리라 생각된다.

무이산(武夷山) 정암차(正岩茶) 밭.

• 관점 1 '우리 차 산업 위기의 원인론(原因論)'

우리 차를 오래도록 마신 차인들과 어쩌다 대화를 나누다보면, 중국차에 대한 흑백양론적(黑白兩論的) 입장이 극명하게 나타난다.

"커피와 중국차의 범람이 우리의 차 산업을 고사(枯死)시키는 원인이 되고 있어요. 우리 전통차만 마셔도 차 생활이 충분히 윤택할 수 있는데도, '차 좀 마셨네'하는 사람들이 중국차를 줏대 없이 받아들이니 참 개탄할 일입니다. 우리 전통차의 발전과 차문화 성장을 위해서라도 의식 있는 차인들이 앞장서서 우리 차를 첨병(尖兵)처럼 지켜야 합니다. 그 첫걸음이 출처 불명의 중국차를 멀리하는 데서부터 시작되어야지요."

"중국차를 마시는 이유는 차의 다양성에 대한 호기심 또는 흥미에서 출발해 특별한 기호성(嗜好性)에 젖어 들었기 때문입니다. 이 현상에서 우리 차가 나아갈 방향성이 새롭게 정립되어야 함을 깨달아야 합니다. 담박(淡朴)·순수(純粹)한 차의 본질은 우리의 차에서만 찾을 수 있다는 안이한 생각에 빠져 있지나 않았는지 반성해야 합니다. 현대인의 기호성과 다양성에 대한 욕구가 결국 중국차의 소비로 이어진 것으로 보면 됩니다. 중국차의 '태(態-다양한 모양)', '향(香-다양한 향기)', '미(味-다양한 맛)', '색(色-다양한 탕색)', '숙(熟-다양한 숙성도)'을 우리 차가 지향해야 할 길의 밑거름으로 삼아야 할 것입니다."

"우리 차 산업 위기론의 원인을 중국차나 커피에서 찾는 것은 잘못이라고 봐요. 실제로 우리의 차가 오늘날처럼 많이 생산되고 소비된 적이 없잖습니까? 70년대 이후로 우리의 차 산업이 양적으로 계속 성장해 왔지요. 다만 다른 기호음료 시장에 비해 상대적 열패감(劣敗感)이 클 뿐이지요. 다른 기호음료나 외국의 차가 확대 소비된다면, 이는 역으로 우리 차의 소비를 촉진할 수 있는 기회라고 봅니다. 잘 만든 우리의 다양한 차로 그 수요를 대체하면 될 테니까요. 위기론을 기회론으로 바꿔야하고, 또 그런 관점에서 현실을 헤쳐 나가야 할 거예요."

"우리 차 산업의 위기를 삼위일체가 되지 않는 차계의 현실에서 찾아야 한다고 봅니다. 생산자와 중간 유통자 그리고 소비자의 관계가 무너지면서 위기가 온 것일 거예요. 생산자의 급증은 생산 제품의 소비에 비상벨을 울렸지요. 그러다보니 너나없이 소비자를 직접 확보하여 직거래하였고, 이로 인해 유통과 가격의 질서가 무너져 버린 겁니다. 차의 건전한 유통망이 해체된 것은 차의 발전에 많은 문제점을 내포한다고 봐요. 좋은 차의 생산을 유도할 수 있는 것도 유통의 질서가 굳건할 때나 가능할 것이기 때문이죠. 유통의 해체에 제일 큰 공로자(?)는 차 교육 과정에서 이루어지는 직접 제다(製茶)라고 봐도 될 거예요. 한 번의 실습에 그치지 않고 너도나도 일용할 양식 비축하듯이 만들고 유통시키니 참으로 큰 문제입니다. 차선생(茶先生)이나 산업적 제다인(製茶人)들이 부추기고, 차인들은 자기가 만든 차가 최고의 맛을 지녔다고 착각하며 해마다 만들고, 선물·판매까지 하게 되지요. 하루빨리 '생산자-유통자-소비자'의 바르고도 건전한 관계가 회복되어야 합니다. 이 관계가 바르게 형성되었을 때에야, 우리도 중국처럼 일상다반사(日常茶飯事)의 생활차가 되었다 할 수 있겠지요."

우리 차 산업의 현실을 논의하는 자리에 빠지지 않고 등장하는 진단들인데, 관점의 차이가 크다. 이미 눈치챘겠지만, 그 핵심에 중국차가 빠지지 않고 등장하고 있으며, 관점에도 허실(虛實)이 뚜렷함을 알 수 있다.

이제 우리 차 산업 위기의 원인론(原因論)에 단골 양념으로 등장시킨 중국차를 대책론(對策論)이나 해결론(解決論)의 방향타로 삼아야 한다. 우리 전통차도 중국차를 비롯한 세계 차와의 상호적 관계성 안에서 성장·발전해야만 다양성을 확보할 수 있기 때문이다. 우리 차가 나아가야 할 우리 차만의 '태(態)', '향(香)', '미(味)', '색(色)', '숙(熟)'의 세계는 시대의 피할 수 없는 요구이다.

• 관점 2 '우리 차의 신토불이론(身土不二論)'

'신토불이(身土不二)'란 말은 원대(元代)의 보도법사(普度法師)가 「노산연종보감(蘆山蓮宗寶鑑)」에서 "몸과 흙은 본래 두 가지 모습이 아니다(身土本來無二像)"라고 쓴데서 유래되었다. 이 말은 원래 불교적 불이론(不二論)의 관점을 드러낸 것인데, 농식품업계에서 "사람의 몸은 그 몸이 태어나고 자라는 땅과 떼려야 뗄 수 없는 밀접한 관계를 맺고 있다"는 말로 활용하고 있는 것이다. 물론 이 말은 각종 의약서(醫藥書)에서 밝힌 "약과 음식은 근원이 같다.(藥食同源)." 라는 말과 일맥상통한다. 실제 누대(累代)로 그 땅에서 나고 자랐다면, 당연히 그 땅에서 나는 음식물이 몸에 익숙하고 입에도 맞을 것이다.

차의 세계에서도 신토불이론은 아주 중요한 산업적 전략의 바탕이며 활용해야 할 핵심 주제이다. 하지만 신토불이론에도 허실(虛實)이 있음을 간과해서는 안 된다. 차와 관련된 산업과 문화의 발전을 위해서는 복합적이면서도 거시적인 입장에서의 관점으로 정립됨이 마땅하다.

"우리 몸에는 우리 차가 맞아요. 요즘 중국차니 서양 홍차니 하면서, 우리 차의 우수성을 깨닫지 못한 짝퉁 차인들이 많은 것 같아 아쉬워요. 초의(草衣) 스님도 우리 차(東茶)의 우수성을 언급했잖아요. 우리 몸과 입에, 우리 차 이상의 것은 없습니다. 다양한 외국차를 마시는 것으로 차 생활의 폭이 넓어진다거나 윤택해지는 것은 결코 아닙니다. 맑고 고아한 정신을 함양하고, 건강한 몸을 가꾸는데 우리 차만한 것이 없습니다."

"차에 신토불이라는 개념을 적용해도 될까요? 어쨌거나 차도 기호음료일 뿐인데...... 커피를 좋아하는 것도, 와인을 즐기는 것도 신토불이여서가 아니잖아요? 그 맛과 향 그리고 독특한 분위기 때문이지요. 차도 역시 각각의 독특한 맛과 향을 가져야만 기호품으로서의 가치를 획득하게 될 겁니다. 기호품은 신토불이의 개념 밖에서 출발한다고 봐야 해요. 하나의 기호품이 단위 국가를 뛰어넘어 세계화되는 것도 그 때문이겠지요. 차의 세계 역시 다른 기호품과 다를 바 없을 것입니다"

"차를 마시는 목적이 꼭 건강에 있는 것처럼 말하는 건강 제일주의적 입장에 저는 문제를 제기하고 싶어요. 굳이 선(禪)이니 명상이니 하지 않더라도, 차를 마시며 내면의 세계를 갈고 다듬는 생활을 할 수 있잖아요. 건강만을 위한다면 보약이나 영양제가 더 좋겠지요. 우리 차여야만 다선일여(茶禪一如)가 된다고 한다면, 그건 진정한 불이의 경계를 보지 못한, 선(禪)과는 십만팔천 리(十萬八千里)나 멀어진 것이지요. 차에서 말하는 신토불이론은 산업적 측면에 우선한 것이거나, 건강에 치우친 주장처럼 느껴집니다."

"우리 옛 차인들의 시를 살피면, 차를 통하여 풍아(風雅)한 경지를 즐겼고, 부수적으로 건강을 다진 것처럼 보입니다. 우리 차의 생산량이 적어서인지 아니면 실학사상의 태동 이전(實學思想胎動以前)이어서인지는 몰라도, 중국차와 우리 차에 대한 구분·경계선을 따지지 않았어요. 신토불이 이전에 형성된, 기호품으로서의 차를 그냥 즐기고 마신 것이지요. 우리 차의 우수성은 근세에 들어서 본격적으로 언급되기 시작했습니다. 실학적·자주적 세계관의 영향이었지만, 오늘날과 별반 다르지 않아 보입니다. 이제 신토불이론을 바탕으로 새롭게 우리의 차 산업과 문화 발전을 위해 다양한 노력을 경주해야 할 것입니다."

이 대화를 보면, 차를 어떤 목적과 이유로 마시며 또 어떤 차를 마시느냐에 따라 차의 신토불이론이 다르게 인식되고 있음을 알 수 있다. 중국차를 바로 보고 이 시대에 맞는 우리 차의 미래를 위

세 개의 개완을 활용한 오룡차 다예(茶藝).

해서도 신토불이에 대한 정확한 인식이 필요한 시점이다.

우리는 매월당(梅月堂) 김시습의 「양다(養茶)」에서 신토불이 차(身土不二茶)의 현대적 방향성을 암시 받을 수 있다.

年年茶樹長新枝년년다수장신지 해마다 차나무에 새 가지 자라는데
蔭養編籬謹護持음양편리근호지 그늘에 키우느라 울을 엮어 보호한다.
陸羽經中論色味육우경중론색미 육우의 다경에는 빛깔과 맛을 논했는데
官家榷處取槍旗관가각처취창기 관가에서는 어린 찻잎만을 바치라고 하네.
春風未展芽先抽춘풍미전아선추 봄바람 불기 전에 싹이 먼저 피어나고,
穀雨初回葉半披곡우초회엽반피 곡우절 돌아오면 잎이 반쯤 핀다네.
好向小園閑暖地호향소원한난지 조용하고 따뜻한 작은 동산을 좋아하니
不妨因雨着瓊蕤불방인우착경유 비 맞고서 옥 같은 싹 많이 피면 좋겠네.

이 시에서 우리는 이 땅에서 생산된 차라고 하여 무조건 마셔야 할 신토불이 차가 아님을 읽어 낼 수 있다. 다양한 방식과 정성으로 차나무를 가꾸어 정녕 이 시대가 요구하는 색·향·미의 차를 만들 때 그 차가 신토불이 차인 것이다.

오늘날 슈퍼푸드라고 하여 많이 소비되고 있는 식품 대부분이 수입산이다. 맛과 건강을 위해서는 산지(産地)를 따지지 않는 것이 현대인의 의식이 된지 오래다. 이제 우리의 차계는 뛰어난 차수종(茶樹種)을 확보·개량하여 이 시대의 젊은이들이 선호하는 다양한 차를 만들어야 한다. 하루빨리 하지 않으면 결국 우리의 차 시장

은 중국의 차에 자리를 내어 줄 것이다. 신토불이는 이 땅에서 생산된 최고의 제품에만 적용되는 말일뿐이다.

• 관점 3 '중국차의 저급론(低級論)'

'편견'은 특정 집단이나 개인에 대해서 한쪽으로 치우친 의견이나 견해를 가지는 태도로, 일반적으로 부정적인 평가를 동반한다. 집단의 속성에 대한 현실 검증보다는 태도 주체자의 심리적 과정에서 나오는, 개인이나 집단들에 대한 부정적이고 적대적인 관점이다. 편견을 수반하는 태도는 집단에서 성원들이 공유하는 경험으로부터 나올 수 있으며, 자민족중심주의 태도로 발전할 수 있다. 민족애적 특징들이 타민족에 대한 적대적인 태도로서 성장할 수 있음이다. 하여 국가 간의 편견은 역사적 경험과 현실적 상황 간의 사이에서 자기합리화로 사용되기도 한다. 우리가 한 번씩 우스갯소리로 하는 말 중에, 편견의 속성이 아주 잘 드러나 있는 것이 있다.

"일본과 중국을 비아냥대고 깔보는 나라는 이 지구상에 우리밖에 없을 거야. 이것이 우리 한민족의 자존감을 곧추세우는 힘의 원천이지......"

썩 유쾌하지 않은 소재이기에 대중의 관심을 받지 못해 폐지된

TV 프로그램 〈개그콘서트〉의 한 꼭지 같은 기분이 드는 말이다. 과거 역사의 소용돌이 속에서 굳어진, 객관성이 결여된 약자의 자기합리화 같아 속이 상하는 말이 분명하다. 우리가 역사의 주체자로 당당히 서기 위해서는 분명히 극복해야 하는 '편견'이고 '단견'이다.

"종이로 만든 달걀도 팔듯이 중국은 가짜 천지라는데, 차(茶)는 믿을 수 있겠어? 어떻게 키워지고 만들어졌는지도 모르는데, 중국차를 마시는 사람들 보면 참 용해. 난 찜찜해서 안 마셔."

"중금속 오염이 심하다고 뉴스에도 나왔잖아. 질 낮은 중국차를 마시면 오히려 건강에 안 좋아. 먼지 지푸라기나 불 연기 아니면 무슨 꽃향기 같은 냄새 나는 중국차가 난 싫어."

중국차를 '가짜'와 '저급'이라는 인식의 틀에 가둔, 우리 차문화(茶文化) 활동을 하는 사람들의 일상적 대화 소재이다. '차'는 기호음료이기에 전혀 문제가 되지 않는 말이긴 하다. 기호(嗜好)는 각자의 생활 문화와 의식 활동에서 만들어지는 후천적 요소이기 때문이다. 하지만 여기에 깊이도 모를 편견의 늪이 가로 놓여 있음을 눈치 챈 사람이 몇 명이나 될까? 위의 대화나 생각에는 차의 질과 유형의 다양성에 대한 언급이 없다. 다만 여태껏 내가 마셔오지 않은 것에 대한 막연한 두려움이거나 심리적 거리감만 드러나 있다.

역사에 대한 정확한 실증을 바탕으로 차의 세계를 보면, 왈가불가할 것 없이 차는 다만 즐기기만 하면 된다. 우리의 옛 차인들이 즐겼던 차가 정신과 육체를 일깨우는 좋은 차였듯이.

차에서의 저급(低級)이라는 관점은 생산과 유통의 복합적 문제에서 발생한다. 누구든 자기의 차 생활에 맞추어, 질 높고 맛이 일품인 차를 구해 마실 수 도 있고, 현실에 맞는 합리적인 차를 찾아 즐길 수도 있다.

'A = B'라는 관점에만 매달려, 'A = C, D, E, F, G ...'와 같은 다양한 세계의 경험을 놓치는 것은 안타까운 일이다. B가 저급함이라면 C는 등급의 다양성일 수 있고, D가 중금속 오염이라면, E는 순수 유기(自然有機)일 수도 있다. F가 향기의 밀도라면 G는 맛의 오묘함일 수 있다. 하지만 이 모든 것을 누리기 위해서는 편견을 버려야 한다.

오늘 날 유통의 질서를 보면, 저급이 저렴(低廉)과 꼭 일치 하지 않음이 분명하다. 충분한 대가를 치렀는데도 저급한 물품을 소유하게 될 때가 심심치 않게 있다. 물론 처음부터 저렴한 저급품을 소유한 채로 순도 높은 질을 욕망하는 경우도 많다.

앞으로 좋은 차를 마시기 위해서든, 합리적인 차를 즐기기 위해서든, 합당한 가격이 투명하게 형성되어야 한다. 질적 다양성에 맞춰 적절한 가격대가 형성되어야만 차를 편견 없이 수용하고 즐길 수 있기 때문이다.

국경이 사라진 세계 경제 시대를 맞아 이제 우리는 온갖 나라의 먹을거리를 쉽게 즐길 수 있게 되었다. 국경을 맞대고 있는 중국은 차를 포함한 먹을거리를 아예 무차별 공습 수준으로 우리에게 퍼붓고 있다.

그 어느 때보다도 정확한 관점이 필요한 시점이다. '중국 = 저급'이라는 편견을 버리고, 중국차의 다양성에서 우리가 취해야 할 것이 무엇인지를 명확히 인지해야 한다. 그렇게 할 때야 비로소 우리 차도 다양성을 향해 꿋꿋하게 나아갈 수 있을 것이다. 우리는 공습을 퍼붓는 중국차를 저급하다는 편견으로만 대해서는 안 된다. 우리 차의 앞길은 우리의 인식과 관점에 달려 있다고 해도 과언이 아니다. 세상의 차는 다양성을 바탕으로 우리에게 차 생활의 길을 제시해 왔다. 우리의 차도 이제부터 그 다양성을 무기로 삼아 다른 기호음료에 맞서 당당하게 길을 나서야 한다.

• 관점 4 '중국차의 향차론(香茶論)'

'고정 관념'이란, 특정 집단에 속하는 사람들이 공통으로 가지고 있다고 생각되는 전형적인 특성에 대한 기대나 신념을 가리킨다. 고정 관념은 주로 인지적인 측면의 기대나 신념에 관한 것이다.

차의 세계에서도 우리 차와 일본차 그리고 중국차를 고정관념으로 보는 경우가 많다. 그 중 대표적인 것이 '우리 차 - 맛 (味)', '일본차 - 색 (色)', '중국차 - 향 (香)'이라는 고정 등식 관계의 설정이다. 근본이나 전체를 살피지 못하고, 표피적으로 접근한 궁색한 견해일 뿐이다.

실상, 세상의 모든 차는 찻잎의 특성을 살려 가장 맛있게 만들어진 상태이며, 또한 향유자의 기호성이 잘 응축된 상태이다. 한 종류의 찻잎으로 동일한 조건에서 만들어진 차에서나 적용할 법한 얄팍한 견해를 전체의 등식으로 적용하는 것은 참으로 어리석은 짓이다.

"풋풋하고 구수한 향이 나는 우리 차와는 달리 중국차는 꽃향이 너무 강해요. 담백한 것을 추구하는 우리와는 너무 달라요. 차를 만드는 중국인들의 의식이 좀 독특한 것 같아요."

"과일향이 나는 차도 있고 연기나 불 냄새가 나는 차도 있던데, 그건 차의 본질이 아니라고 봅니다. 풋풋하면서도 구수한 향이 차 본래의 향이지요."

간혹 듣게 되는 찻자리에서의 대화 소재이자 주제이다. 하지만 여기에는 올바르지 않은 고정 관념이 들어 있다. 만들어진 차에서 풍기는 과일향을 차의 본질적 향이 아니라고 할 수 없다. 중국 제다인들은 오룡차 잎을 가지고, 첨가향 없이도 제다 과정(製茶過程)에서 탐스러운 향을 다양하게 생성시킨다.

중국차를 향차(香茶) 중심으로 보는 견해는 분명 고정 관념이다. 우리의 녹차와 결코 다르지 않은 색·향·미의 차도 많이 만들어지고 있기 때문이다. 향차는 생산되는 찻잎의 특성을 잘 살린 차이며, 차 향유자의 문화적 기호성을 가장 잘 살린 차이다. 중국차든 우리 차든 세상의 모든 차는 찻잎의 특성을 살리고 향유자의 문화적 기호성을 살린 최고의 음료이다.

차를 마시며

류경희

하루를 시작하는 아침
나와 인연이 있는 사람들
따뜻한 차 향기처럼
하루 종일 행복하기를

어떠한 일이 있든지
너그러운 가슴으로
용서하며
사랑스런 웃음으로
태연한 척
넘겨버리기를

한 번쯤 하늘을
올려다보며
더불어 사는 세상을
깊이 느낄 수 있는
많은 여유 있는
하루가 되길

차를 마시며

긴 호흡으로

아침을 연다.

• 관점 5 '중국차에 대한 신비론(神秘論) 또는 절대론(絶對論)'

지닌 대표적인 음료이다. 차나무의 원산지인 중국과 아시아를 넘어, 다른 대륙에서도 생활음료로서의 기능뿐만 아니라 문화적인 기호음료로서의 기능성도 지니고 있다. 현재 세계 72억 인구 중에서 차를 마시는 국가의 인구수는 거의 절반 정도이다. 차의 문화적 기호성이 생각보다 큼을 알 수 있는 수치이다. 2014년 7월 발표 자료를 보면, 차를 가장 많이 소비하는 중국의 인구수가 13억 6천만 명에 육박한다. 중국차의 생산량이 근래 얼마나 폭발적으로 증대되었는지를 미루어 짐작할 수 있다. 그 뿐인가? 한국을 위시한 많은 나라들이 중국차를 수입하여 마시니 중국차의 생산량과 소비량은 상상을 불허한다고 봐야 한다.

우리의 일상만 보더라도 중국차의 위상이 장난 아님을 알 수 있다. 하지만 서양 격언에 '한쪽 문이 닫히면, 다른 문이 열린다.(When one door shuts, another opens)'고 했다. 우리 차의 우수성에 대한 생각은 어느 순간 찻잔 속의 미풍처럼 잦아들고, 중국차의 우월성 또는 신비성만 공공연하게 회자(膾炙)되고 있는 실정이 된 것이다.

"백 년 된 ○○호 차를 마셔보셨습니까? 저는 그 차를 마시자

온 몸에 땀이 비 오듯 했습니다. 진기를 마셨다고 해야 될까요? 아니면 차 한 잔에 온 몸의 기가 충만해졌다고 해야 할까요? 뭔가 설명할 수 없는 신비로움이 느껴졌어요."

"오십 년대 ○인을 자주 마셨는데 요즘은 쉽게 마실 수가 없어요. 소장하고 있는 차가 거의 다 떨어지고 가격 또한 무서울 정도니까요. 두고두고 아껴 먹어야지요."

"세월 묵은 진년(陳年) 차가 굳이 아니더라도 교목 고차수(喬木古茶樹)가 지닌 차의 기운은 대단해요. 다른 차가 가지지 못 한 차기(茶氣)가 충만해 있지요"

"좋은 보이차를 마시면 우선 몸이 알아요. 건강에는 보이차 이상의 차가 없어요. 나도 보이차를 마시고 건강해졌어요. 허락만 된다면 어떤 대가를 치르더라도 좋은 보이차를 소장하고 싶어요. 영약(靈藥)이라고 생각하면 전혀 아깝지 않아요."

참 자주 듣게 되는 비슷비슷한 얘기들 아닌가? 어째 중국차 그 중에서도 보이차를 좀 마셨다고 하면, 고정화된 레퍼토리를 입에 달게 되는지 신기할 따름이다. 이런 말이 오가는 자리에서는 수많은 차의 가지가지 맛에 대한 얘기는 필요 없다. 오로지 보이차만이 좋은 차인 줄 아는 고정관념에 사로잡혀 있는 경우가 태반이기 때문이다. 물론 간혹은 진년 오룡이나 고차수 오룡차류를 운운하면서 마시기는 하지만, 이것도 역시 보이차에 대한 들러리 역할로서 그칠 뿐이다.

중국을 다니며 여러 사람과 차를 마시고 얘기를 나누어도, 보이차 신비론에 가장 민감한 반응을 보인 사람들이 한국인이다. 물론 몇 걸음 양보하여, 발효 음식을 좋아하는 우리 민족의 특성으로 보아 이해가 안 될 것도 없다. 뜨거운 걸 마시며 시원하다는 감탄을 내뱉는 민족이 우리 말고 또 어디 있겠는가? 하지만 그렇다고 하더라도 과학적 접근이나 합리적 관점을 도외시해서는 안 된다.

"보이차 말고도 좋은 차는 얼마든지 있잖아요. 보이차를 마시면 온몸에 땀이 난다고 하는데, 발효도가 높은 다른 차를 따뜻하게 마셔도 땀은 나지요. 실내에서 뜨거운 차를 마시면 체질에 따라 땀이 비 오듯 하기도 하고, 또 어떤 사람은 '따뜻해서 참 좋구나!' 정도겠지요. 그런 공간에서는 뜨거운 숭늉 한 사발에도 땀이 송글송글 날 수도 있을 거예요."

"보리차든 보이차든 문화적인 기호 활동이나 문화생활을 넘어, 약리적 이유 때문이라면 그건 문제라고 봅니다. 차는 차일 뿐이지요. 평소에 마음의 안정을 차에서 찾아 유지하려는 자세가 더 중요하지요. 물론 이왕에 마실 음료라면, 체질에 맞고 기호에도 적합한 차를 마시는 것이 좋을 것이고요."

"고차수에 대한 신비론은 과장된 측면이 있습니다. 차는 어차피 성분으로 접근해야지요. 차의 맛과 성분은 부분적 차이가 있겠지만, 그게 그렇게 클까요? 심리적 작용이 생각보다 깊게 작용했다고 봅니다. 오래된 진년 차든, 고차수 잎으로 만든 차든, 개인적 풍미나 기호음료로 접근해야지 그 이상의 것으로 확대시킬 필요는 없을 거예요. 진년 보이차나 고차수 보이차의 신비론은 심기혈정

(心氣血精)이라고 하였듯이, 이미 마음에서 약보다 좋은 차로, 기가 가득한 차로 받아들여져 플라시보 효과가 난 것이라고 봅니다."

"오래된 차의 부드러움과 깊음이 더 없이 좋긴 하지만, 거기까지로 그쳐야 한다고 봐요. 오래 되었다고 진기의 충만이니, 최고의 약성(藥性)이니 하는 것은 맹목적 믿음에 기인한 것입니다. 진년 보이차 애호가들의 건강이 다른 음료를 즐기는 사람들의 건강보다 더 낫다는 결론을 내릴 수 있을까요? 진년 보이차 애호가들을 적지 않게 보아왔지만, 절대 수긍할 수 없습니다. 물론 건강이 좋지 않아 진년 보이차를 구해 마신다고 하면 할 말이 없지만 말입니다. 하지만 그것도 약이나 대체 식품으로 접근한 다음, 생활 건강 기호 음료로서 차가 되어야겠지요."

보이차 신비론에 대한 반론을 피력하는 사람들의 반응이다. 우리 사회에는 보이차 애호가들이 차고 넘치지만, 우리 차를 비롯한 다양한 종류의 차를 거리낌 없이 즐기는 사람들도 있다. 열린 사고를 지녀, 폭넓은 차의 세계에서 유유자적 산책을 즐기는 사람들이다. 우리의 차 생활이 한 가지로 귀착되지 않게 하니 참 긍정적이다.

그렇다고 중국차의 신비론적 혹은 절대론적 관념이 모두 극복되는 것은 아니다. 일례로 근자에 중국차 마시는 사람에게서 금준미(金駿眉)를 구해 달라는 얘기를 들었다.

"금준미를 구해서 맛을 보았는데, 상큼하면서도 달콤했고 목 안으로 단맛이 가득했습니다. 잎도 아주 여린 아침을 따서 만들었는데 아주 아름다웠습니다. 150g에 15만 원 하던데 중국 가시면 좀 구해 주세요."

"……"

이럴 땐 참 난감하다. 어떻게 대답해야 할까? 사실을 말해야 할까? 기분 좋게 그냥 유사한 제품을 안겨다 드려야 할까? 생각만 깊어진다. 지금 중국의 차 시장을 가면 금준미 천지이다. 예를 들어 기문홍차(祁門紅茶)를 구하려면 발품을 수고롭게 팔아야 하는데, 금준미는 어떤 차 가게에서도 구할 수 있을 정도다. 금준미라는 차가 이름을 갖고 만들어진지가 오래되지도 않았는데 금준미 열풍이다. 돈이 되기에.

동목촌에서 무이산으로 이어지는 용천 대협곡은 60여km나 되며, 깊은 계곡과 많은 폭포는 늘 구름과 안개(雲霧)가 뒤덮여 있다. 그림 속의 무릉도원이 바로 여기다 싶은 곳이다.

풍급천고원소애(風急天高猿嘯哀)

바람은 세고 하늘은 높은데 원숭이 울음소리 애절하구나.

두보의 이 시구처럼, 옛 시인들의 시에 원숭이 울음소리가 많이 등장하는데, 이 동목촌에는 야생 원숭이를 간간히 볼 수 있다. 그만큼 원시적인 야생의 아름다움을 간직하고 있기에, 1999년 세계 자연 유산 보호 구역으로 선정되었다.

1999년 이후로 동목촌은 주민들 외의 외부인들의 출입이 매우 제한적이다. 뿐만 아니라 더 이상 차나무를 심을 수도 없고, 일부 지역은 차의 채엽도 금지되는 등 엄격하게 통제된다. 주민들만 가족 수에 의해 지정된 생산량을 정하여 반출할 수 있다. 동목촌 차농들은 대가족(부모, 형제 그 배우자와 아이들)으로 구성되어 있는데, 대부분 10여 명 내외이다. 차 생산량은 1년에 1인당 250kg을 넘길 수 없기에, 10여 명의 가족인 경우에는 2,500kg 정도를 생산할 수 있다. 이러한 생산과 반출의 제한, 통제 때문에 외관상만 동목촌 금준미와 정산소종인 차들이 동목촌 외의 차농가와 차시장에서 많이 생산, 판매되고 있다.

특히 금준미는 1근(중국 계량 500g)에 곡우 전에 채엽한 8만여개의 아첨(芽尖)이 필요하다. 채엽에 시간이 너무 소요되기에 동목촌의 경우 700여호 가구에서 각기 2~3kg 정도밖에 생산하지 못한다. 동목촌에서 만드는 금준미로는 수요에 필요한 절대량이 부족할 수밖에 없는 상황이다. 하여 동목촌 외의 여러 곳에서 금준미가 만들어 질뿐만 아니라, 심지어는 소종홍차엽(小種紅茶葉)이 아닌 녹차수종엽(綠茶樹種葉)을 이용해 만든 금준미가 차시장에 대량 유통되고 있다.

십수 년 전에 내가 어느 매체에 실은 글의 일부이다. 문제점을 지적한 글인데, 지금은 이 글도 순진한 접근이다 싶을 정도로 더 뒤죽박죽 진창의 차가 되었다. 중국 상인과 소비자의 욕망과 무지

함이 빚은 결과이지만, 고스란히 우리의 문제가 된 것이다. 솔직히 말해서 150g에 몇만 원만 해도 살 수 있는 맛 좋은 금준미 유형의 홍차가 지천이다. 눈 딱 감고 이것도 금준미라고 하면 말이다.

이것뿐이겠는가? 무이암차든 뭐든 다들 이런 실정이다. 하긴 각각의 차에 덧붙여진 중국다운 스토리텔링을 여과 없이 막 써먹는 것도 우리이니 더 말해 무엇 하랴!

이제 한 발짝 물러나, 이 시대의 패러다임화한 차 생활을 가만히 들여다보고 반성해야 할 때이다. 차를 약성 운운하며 영약화(靈藥化)하는 태도와 생각은 지양함이 마땅하다. 오히려 심리적 안정과 더불어 육체의 건강을 보조하는 기호음료로 접근함이 옳다. 또 기혈유통(氣血流通)을 얘기하며, 기 식품(氣食品)으로 인식하려는 생각도 지우는 것이 나을 것이다. 물론 생명의 힘을 지닌 식물이기에 어떤 차에서든 기(氣)가 없을 리 만무하다. 그러나 기를 받아들이기 위해서 차를 마신다는 생각은 과학적이지도 합리적이지도 않다. 차는 심신의 안정과 조율을 위한 문화적이고 기호적인 매개체라는 생각이 오히려 더 필요하다. 특히 특정 차에만 빠져 우리의 차나 다양한 차의 세계를 도외시하는 편협한 관점을 버려야 할 것이다. 차는 편애 없이 다양한 그 세계를 그대로 받아들이면서 마시면 될 뿐인 특별한 소재이기 때문이다. 중국차를 대할 때, 합리적이고 과학적인 태도를 지니는 것도 중요하다. 허구화한 차의 전설이나 이름에 연연하여, 맹목적으로 접근하려는 태도는 비이성적이기 때문이다.

중국차의 세계는 폭이 넓으면서도 깊다. 하지만 그렇다고 신비

무이산 어차원(御茶園)의 차밭.

로운 힘을 지녔다거나, 절대적인 가치를 내포하고 있다는 것은 아니다. 중국의 어떤 차도 다만 차일 뿐이다. 우리의 차나 일본의 차와도 결코 다르지 않다. 바로 이것, 이 말이다. 차는 차.

한국차와 삼위일체

• 삼위일체로 제기하는 차문화 산업의 문제점

힌두에서는 파(破, 파괴), 생(生, 창조), 육(育, 육성)을 삼위일체로 보았다. 세상 어떤 현상도 단독으로 일어나지 않으며, 모든 현상과 개체에는 유기적인 관계가 이미 형성되어 있다고 본 것이다. 세상사 모든 일은 서로 원인과 결과의 순환 고리 속에서 존재하는 것이지 따로 독불장군처럼 독립되어 있지 않다. 유기체든 무기체든 모든 존재와 그 현상은 상의상관(相依相関)의 관계망 속에 있다.

한 번 질문지를 만들었다고 생각해 보자.

"단독 개체인 당신의 현재 삶이 당신 하나만의 원인에서 이루어진 결과입니까?"

거의 절대다수가 "우리라는 집단 개체의 실상이 현재 나의 존재에 씨줄과 날줄로 매여 있다."고 답할 것이다.

각설하고, 슬쩍 이것을 차에 접목하여 질문지를 만들어 보자.

"오늘날 우리의 차(茶) 산업이 점점 위축되어가고 있다고 아우성인데, 이 현상의 원인을 차를 만드는 차농가(茶農家)에서 찾아야 할까요?"

차를 즐겨 마시는 애호가라면 분명 "차농가의 문제도 여러 가지 측면의 한 현상일 뿐이다." 라고 답할 것이다.

그렇다면 한 번 본격적으로 얘기해보자.

"그럼 현재의 우리 차문화 산업의 위축은 어디에서 원인을 찾아야 할까요?"

참 고민스러우면서도 어찌 보면 뻔하기도 한 문제점들이 꼬리를 물고 줄줄 나올 것이다.

예상되는 첫 번째 지적이, "차농가도 문제입니다. 예전에 비해 질적으로 떨어진 차들이 많아요. 오랜 숙련 과정을 거치지 않은 상태에서 차를 제품화하여 상업적 거래에 뛰어든 차농이 있다는 뜻이죠. 최고의 맛을 내기 위한 표준이나 매뉴얼 없이 개인적인 경험치로 만들기 때문에 전문가적 숙련도가 제일 중요한데도 말입니다. 충분히 살청(殺青)되지 않고 만들어진 차 때문에 '맛이 없다느니, 차를 마시니 속이 쓰리다느니, 몸이 점점 냉(冷)해진다느니' 하면서 과민하게 반응하는 사람들의 투정에 무방비로 노출되지요. 찻자리에서 이런 투정이 반복되면서, 녹차에 대한 오해가 결국 확대 재생산되고 차 산업까지 위축되었다 볼 수 있지요. 통일된 생산 표준에 따라 차엽 재배와 생산이 이루어져야 품질을 제고(提高)할 수 있고, 그것을 바탕으로 전방위적으로 판매망을 넓힐 수가 있을 것입니다."

예상되는 두 번째 지적은, "차 산업이 위축된 큰 문제 중에 더러는 차를 가르치는 사람과 그 교육 과정에 있다고도 볼 수 있을 겁

봉정사 매화. ©하지권

니다. 육체와 정신적 건강을 위해 차를 즐겨 마시게 함이 우선인데도, 이론과 예절적인 측면에 치우친 감이 있지요. 교육장에서만 차를 조금 마시고, 현실 생활에서는 차를 즐겨 대하지 않다 보니 차 산업이 육성될 리 없겠지요. 또 교육생의 제다(製茶) 실습이 이론과 경험의 영역을 넘어 아예 대량 생산에 가까울 정도로 많이 만들어지는 것도 짚어봐야 합니다. 이렇게 만들어진 차가 판매되는 것도 문제지만, 교육생들이 이런 차를 일년치 음용량을 넘을 만큼 확보하고 마시는 경우가 더러 있어요. 이러다 보니 실습 차농가뿐 아니라 다른 현지 차농가의 산업까지 가뭄에 샘 마르듯이 더욱 쭈그러드는 악순환을 부르게 되었지요."

예상되는 세 번째 지적은, "차를 좋아한다는 사람들의 차에 대한 그릇된 행동과 단편적 지식이 차문화의 활성화에 오히려 찬물을 끼얹는 경우가 더러 있다는 겁니다. 조직을 만들고 갖가지 차도구와 차를 갖춰놓는 외형에 치중하다 보니 정작 차를 처음 접하려는 사람들에게 높은 장벽으로 작용하지요. 뿐이겠습니까? 녹차를 마시면 몸이 차가워(冷)진다는 말들로 차를 무슨 공공의 적처럼 만들어버리기도 합니다. 식사 뒤에 한두 번 정도 마시는 걸 가지고도 몸의 반응을 얘기하며 호들갑들이니 어찌 문제가 아니겠습니까? 충분히 살청된 녹차라면 더더구나 말할 필요가 없을 것인데… 이처럼 차도구 전시장 주인 같고, 돌팔이 한의사 같으면서, 허황된 소재로 사람 실소하게 만드는 삼류 개그맨 같은 개념 모호한 차인(茶人)이란 사람들이 제일 문제이지요."

이외에도 참 많은 문제점들이 봇물 터지듯 쏟아져 나오겠지만, 아마 다음의 이 지적도 빠지지는 않으리라. “차 단체나 지방·중앙 정부가 거시적 안목에서 차의 산업적 측면과 문화적 측면을 육성 발전시켜 나가야 합니다. 그런데 요즘의 차 문화 행사는 천편일률적인 전시 행정이나 인원 동원 중심의 행사에 치우친 감이 있지요. 그렇다 보니 차 인구의 확산은 고사하고 차 단체나 특정 동네의 잔치쯤으로 여겨지고 있지요. 현실에서 무엇보다 중요한 것이 차나무의 수종 개량이나 차 완제품의 품질 향상이고 더불어 많은 사람들이 차를 즐겨 마시게 하는 문화의 확산이에요. 이를 위해서는 차 문화 산업 종사자들의 내적 변화 못지않게, 차 단체나 지방·중앙 정부 차원의 외연적 힘이 필요합니다. 차 관련 산업과 문화는 단순히 농·상업 전략적 측면에서 보면 안 됩니다. 전통을 바탕으로 한 한국적 문화 산업의 확립이라는 측면에서 살펴야 해요. 차 문화 사업은 한복 문화, 음식 문화, 음악 문화, 서화(書画) 문화, 공간(茶室) 문화와 어우러진 예술·문화 복합체이기 때문입니다.”

이쯤 되면 현실은 답답하고 미래는 갑갑하다. 땅속에 있다가 한꺼번에 뽑혀 나오는 땅콩처럼 주저리주저리 달려 나오는 문제점이 얼기설기 얽혀 있기 때문이다. 하지만 절망적일 때 희망을 품게 되고, 문제를 인식할 때 해결의 실마리도 보게 된다. 땅에서 넘어진 자 땅을 짚고 일어설 수밖에 없는 것이 인지상정. 답답하고 갑갑한 현실을 극복하기 위해 문제가 지적된 그 자리에서 해결의 실마리를 찾아야만 한다.

• 차문화 산업의 발전을 위한 방안

그럼 새로운 시작을 위해 다시 한번 질문지를 만들어 보자.

"문제가 실타래 꼬이듯 한 이 현실에서 우리의 차 문화 산업의 발전을 위해 어떻게 하는 것이 최선일까요?"

깊은 고민 없이는 어떤 답도 나올 수 없는 질문임이 분명하다. 그러나 해답 없는 질문이 어디 있으랴! 아마도 앞에 제시한 문제점에서 다시 출발하여 그 해답을 거꾸로 찾아간다면 근본적인 해결책이 나올 수도 있을 것이다.

"차밭을 관리하고 차를 만드는 차농가의 인식 전환에서 문제 해결이 시작되어야 합니다. 만들어 놓은 차의 판매 부진을 외적 상황에서 찾지 말고 내적 문제점으로 자각해야 한다는 것이죠. 기실 커피 문화가 대세라 하더라도, 중국차의 공세가 거세다 하더라도, 우리 차의 품질이 향상되고 또 다양화 된다면 충분히 이 현실을 이겨낼 수 있을 것입니다. 그러기 위해서는 신토불이(身土不二)라는 민족적 정서에서 하루빨리 벗어나야 합니다. 지금은 음식 문화의 폭풍 변화 앞에 우리 차가 위태롭게 서 있는 꼴입니다. 변해가는 우리의 입맛과 취향에 맞도록 끊임없이 연구하면서 새롭고 다양한 차를 만들어야만 합니다. 신세대들만이 아니라 기성세대들까지 커피에 빠져들고 중국차를 즐겨 마시는 것은 그 맛과 향의 다양성 때문일 것입니다. 커피 문화의 확산과 중국차의 폭발적 공세는 우리 차의 토대가 점점 척박해진다는 반증이 아니겠습니까? 변화 앞에서 머묻거릴 때가 아니라고 생각합니다."

또 이런 답이 절로 나올 것이다.

"차 교육의 커리큘럼(교육 과정)이 '차 마시는 외형적 방식(行茶)'과 '표피적인 차 고전(古典) 읽기'와 '의례적인 차 예절 교육'에 거의 집중되고 있는데, 과감하게 과정을 확장해야 합니다. 차 교육 과정이 형식에 치우치고, 시대성을 반영 못 하며, 세대 변화의 사회상을 적용 못 하면, 이미 박물관 전시물과 다를 바 없는 죽은 교육인 셈이지요. 차는 정신 문화, 공간 문화, 서화 문화, 도구 문화, 음식 문화, 의복 문화와 불가분의 관계인만큼 차 교육의 지평을 넓혀야 합니다. 간단하게 공간 문화를 서화·도구 문화와 연관 지어 예를 한 가지 들어보지요. 간혹 찻자리에 초대 받기도 하는데, 차실들을 보면 아파트든 단독 주택이든 화려함과 검소함의 차이만 있을 뿐 거의 똑같아요. 차실에 걸려 있는 액자의 형태나 내용도 변화 없고, 전시된 차와 차도구의 배열 구도도 유사합니다. 개성은 남의 집 얘기 같고, 찻자리의 특성은 애초 무시한 듯하며, 시공(時空)에 맞는 품격은 멀리 유배 보낸 것 같지요. 차 교육이 마시는 방식에 치중하고 과거의 격식에 매달리며 겉치장에 집중한 결과입니다. 이제는 차인(茶人)이라는 말을 사용하는 사람들부터 주체성 없는 문화 베끼기 수준이나, 차 상식을 읊조리는 앵무새 수준에서 벗어나야 할 때입니다. 그러기 위해선 하루빨리 깊이와 다양성을 갖춘 분야별 교육을 실시하여 차문화의 수준을 향상시켜야 합니다. 우리 사회의 일상다반사(日常茶飯事)는 차가 모든 문화적 현상과 맞물려 돌아갈 때에야 가능할 것입니다. 그 첫걸음이 교육에서부터 시작되어야만 합니다.”

문제점으로 지적 되었으니 이런 답변 또한 나올 것이 분명하다.

“차에 대한 우리의 인식부터 바꿔야 한다고 생각해요. 커피를 좋아하는 사람(珈琲愛好家)들은 대부분 맛과 향에 대해 호평(好評)한 다음에는 대화와 사고의 범위를 찻자리(tea table)에 국한 시키지 않습니다. 곧바로 일상과 삶에 대한 얘기가 커피의 향을 타고 부드럽게 펼쳐지는 것이지요. 하지만 차를 좋아하는 사람(茶人)들은 자기 기호일 뿐인 맛과 향을 일반적인 것으로, 자신만의 체질 감응을 보편적인 것으로 확산시키며 얘기를 펼칩니다. 거기에는 자신이 경험했던 차와 마셔온 세월에 대한 자긍심이 강하게 내포되어 있습니다. 결국 얘기의 범위가 그 좁은 차상(茶床) 위를 계속 맴돌지요. 삶과 책과 영화와 음악과 그림 등 그 하고많은 소재는 자기 편견의 맛과 향에 파묻혀 찾을 길 없습니다. 차는 기호음료이고 얘기를 부드럽게 풀어나가는 소재이며 생활과 정신을 여유롭고 맑게 하는 매개체일 뿐이라는 인식을 가져야 합니다.”

이 해결 방안도 빠지지는 않으리라.

“지방·중앙 정부의 차 문화 산업을 위한 거시적 계획이 필요합니다. 차 문화 영리 단체에 대한 행사 지원이나 지역 차문화 관광 상품 판매 등의 미시적 행정에서 벗어나야 한다는 것이지요. 차나무 우량 품종 개량 등과 같은 차농가가 할 수 없는 일을 해줘야 합니다. 그래야만 우리 차의 우수성과 다양성을 확보할 수 있기 때문입니다. 또 차를 한복, 음식, 음악, 서화, 공간 문화와 결합시켜 예술·문화 복합체의 키워드로 삼는 정책이 필요할 때입니다. 한국 차의 세계적 위상을 위해서는 거시적이면서도 미래 지향적인 국가 정책이 그 무엇보다 중요합니다. 여기서 한 가지 더 덧붙인다면, 차 단체도 영리성이나 당파성에서 벗어나야 합니다. 모든 사람들이 일상다반사를 즐길 수 있도록 교육과 행사에서 화합하고 힘을 모아 나가야지요. 차문화의 발전과 외연 확장을 위하여 차 단체가 환골탈태해야 할 것입니다."

• 한국 차문화 발전을 위한 삼위일체

문제 인식과 해결 방안은 수레의 두 바퀴와 같다. 제자리를 빙빙 돌지 않기 위해서는 두 바퀴의 균형 축이 똑발라야만 한다. 우리 차문화의 발전을 위해 얘기의 처음으로 돌아가 삼위일체를 적용하여 균형 축을 세워보자.

먼저 파괴(破)가 필요하다. 사람과 시대와 사회의 변화가 쓰나미 같은데, 무슨 절대 진리인양 과거만 붙들고 있다가는 도태될 뿐이다. 차농가와 차인과 차 단체 및 지방·중앙 정부가 모두 변화의 궤를 정확히 파악하여 대응해야 한다. 그 첫걸음이 자기 반성과 자기 파괴에 있다.

다음은 창조(生)이다. 파괴의 끝에는 소멸이 아니라 창조가 있나.

곡우(穀雨) 무렵 채다(採茶) 풍경.

과거의 관행과 현실의 안주에서 벗어나면 미래는 결코 지금 같지 않을 것임이 분명하다. 쉽지는 않지만 충분히 가능한 일이다. 차농가와 차 단체 및 지방·중앙 정부가 차문화 사업의 발전을 위한 새로운 시도를 끊임없이 해야 하고, 효율적 방법을 찾는데 모든 역량을 쏟아야 한다.

육성(育)은 창조로부터 시작됨이 분명할 터. 새롭게 형성된 창조물일지라도 중단 없는 변화와 쉼 없는 가치 창출의 노력 없이는 그 유효 기간이 찰나일 따름이다. 차농가와 차인과 차 단체 및 지방·중앙 정부가 합심하여 우리의 차문화 사업을 키워 나가야 한다. 우리의 차문화는 모든 문화를 통섭(統攝)하는 고갱이이기 때문이다.

아! 문득 김현승 시인이 시에서 쓴 '외로움도 향기인양 마음에 젖는다'고 한 '무등차' 한 잔이 그립다.

무등차

가을은
술보다
차 끓이기 좋은 시절

갈가마귀 울음에
산들 여위어 가고

씀바귀 마른 잎에
바람이 지나는
남쪽 11월의 긴 긴 밤을

차 끓이며
끓이며
외로움도 향기인양
마음에 젖는다.

차회 소회(茶會素懷)

• 차의 공덕(功德)

차(茶)는 사람을 행복하게 하고 즐겁게 하며 편안하게 만든다. 술자리와 달리 찻자리가 끝난 뒤에는 잔잔한 아쉬움이 늘 뒤에 가지런히 남는다. 차는 그만큼 사람을 분위기에 빠져들게 하고, 자신의 감정을 가다듬게 한다. 차로써 만남의 장을 만들고, 차를 달이며 인정을 나누고, 찻자리를 파하며 다시 해후를 기약하는 것은 순전히 차의 덕이다.

당대(唐代)의 육우(陸羽)는 『다경』의 「일지원(一之源)」에서, "신체에 열(熱)이 나거나 갈증이 나고, 가슴이 답답하거나 두통이 있고, 눈이 침침하면서 사지(四肢)가 아프고, 무기력하거나 관절이 펴지지 않을 때, 네다섯 잔의 차(茶)만 마셔도 그 효과는 제호(醍醐)나 감로(甘露) 못지 않다."고 했다. 또 「칠지사(七之事)」에서는 각종의 경전을 인용하면서, 해독 · 치병(治病) · 성주(醒酒, 숙취제거) · 흥분(興奮) · 해갈(解渴)의 공능(功能)과 효력을 갖추고 있음을 말했다. 유정량(劉貞亮)도 차 마시기의 「십덕(十德)」을 이렇게 제시했다. "차로써 우울함을 흩어지게 하고(以茶散郁氣), 졸음을 쫓고(以茶驅睡氣), 생기를 기르고(以茶養

차의 맛은 정(情). ©오상룡

生氣), 병의 기운 제거하고(以茶除病氣), 예와 인을 이롭게 하고(以茶利禮仁), 경의를 표하고(以茶表敬意), 맛을 음미하고(以茶嘗滋味), 신체를 기르고(以茶養身體), 도를 가히 행하고(以茶可行道), 뜻을 우아하게 한다(以茶可雅志)"고 했다. 송대(宋代)의 오숙(吳淑) 역시 『다부(茶賦)』에서 차의 공능(功能)과 효능에 대해, "번뇌를 씻고 갈증을 해소하며, 범골(凡骨)을 선골(仙骨)로 바꾸어 몸을 가볍게 하니, 차의 이로움이 신(神)과 같다."고 했다. 명대(明代) 고원경(顧元慶)이 저술한 『다보(茶譜)』에는, "사람이 차를 마시면 능히 갈증이 그치고, 음식을 잘 소화하며, 담(痰)을 제거하고, 잠도 적게 잘뿐더러 수도(水道, 이뇨작용)에 이롭고,

눈도 밝아지고, 생각에 이롭고, 잡념을 제거하고, 기름기를 제거하니 사람들에게 차가 없어서는 안 된다."라고 했다. 조선 전기 문신인 한재 이목(寒齋 李穆)도 『다부(茶賦)』에서 차의 오공육덕(五功六德)을 언급하였다. 오공(五功)은, '책 볼 때 갈증을 덜어주고, 울분은 풀어주며, 손님과 주인의 정을 도탑게 하고, 몸속을 편안케 하여 소화를 도와주며, 취한 술을 깨게 하는 것'이다. 또 육덕(六德)은, '오래 살게 하고(使人壽修), 병을 낫게 하며(使人病已), 기운은 맑아지고(使人氣淸), 마음은 편안해지며(使人心逸), 신선처럼 되게 하고(使人仙), 인간을 예의롭게 하는 것(使人禮).'이라고 했다.

차의 공과 덕이 놀랍다. 하지만 지나치면 모자람만 못한 것이 세상사 이치인 법. 오늘날 차회에 참석하며 종종 느끼는 것이 '과유불급(過猶不及)'이고 '과공비례(過恭非禮)'이다. 한마디로 '넘침'이고 '지나침'이며, 각도를 달리하여 말하면 '시대 인식의 부족'이고 '철학의 부재'이다. 담담하면서도 정갈하고, 적당하면서도 온전한, 비움과 간결함의 차회가 참으로 그리운 시절이다.

• '넘침'과 '지나침'

차와 차회가 차고 넘친다. 목적지 없이 휘몰아가는 바람 같다. 과학이나 합리와 보편성은 따질 엄두도 못 내고, 그냥 유행처럼 차를 마시고 교육한다. 잠잠히 느끼고 그윽하게 생각하면서 이루어지는 철학적 사유와 문화적 정서 함양이 '차회나 차 교육 현장'에 없어 보인다. 이러다 보니 차고 넘치는 '차 바람'이 분다고 한들 '커피 쓰나미' 앞에서는 찻잔 속의 미풍 수준이다.

커피에
설탕을 넣고
크림을 넣었는데
맛이 싱겁군요.

아!
그대 생각을 빠뜨렸군요.

온 세상이 커피 쓰나미에 쓸려 다른 기호음료는 초토화 수준이다. "이 거리 저 거리 각 거리"를 다녀도 커피는 풍년이다. 인생이 쓰고 단 것이 아니라, 커피가 쓰고 달기에 인생까지 같은 맛일 것이라고 느껴질 정도다. 윤보영이 쓴 위의 시처럼 커피가 인생사고 님 생각 간절하게 만드는 촉매제다. 인생사 쓴맛 느껴질 때도 커피, 삶이 즐거워도 커피, 님의 갸름한 얼굴을 마주할 때도 커피, 비가 오고 눈이 내려도 커피다. 커피가 바로 차의 자리를 빈틈없이 채우고 있다.

본래 있어야 할 차의 자리는 시대적 변화 앞에 길을 잃고 울렁증을 앓고 있는 것이다. 그냥 좋아라고 마시면 되는 쉽고 편안한 차의 세상을 애써 정신과 예와 격식으로 울타리를 높게 쌓아 막아 버린 탓이다. 이것저것 차려 놓고 구령에 맞춘 듯한 행다(行茶)의 보여주기로는 새로운 세대를 차의 세계로 인도하기 어렵다. 자태 고운 한복으로 젊은이들을 차의 세계로 끌어들이기 쉽지 않다.

차의 세계에서 이루어지는 차회가 새로운 시대에 적확(的確)해야 한다. 차를 교육하는 사람과 차 단체가 시대적 보편성을 빈틈없이 읽어 내야 한다. 신세대의 기호성을 맞추지 못하면 차의 문화적 행로는 가시밭길일 수밖에 없다. 또한 젊은이들의 관심과 개성을 찾아주지 못하는 차의 교육 마당은 진흙 바닥 위에 깔아둔 멍석 같을 수밖에 없을 것이다.

이 시대의 젊은이들은 차를 교육하고 단체를 이끌어가는 사람들보다는 훨씬 자유롭고 역동적이며 개성적이다. 차와 차단체가 아무리 다양하고 많다 할지라도 새 시대의 조류에 순간 반응하지 못하면 차의 세계는 고사(枯死)하고 말 것임이 분명하다.

하여 차와 차 단체, 차회가 인식 전환하여 오래전의 의식 사고나 구시대적 생활 방식을 오늘날에 판박이 하려는 태도를 지양해야만 한다. 물수제비 뜨듯이 규모만 다를 뿐 똑같은 차 행사나 친목회 수준의 차회로는 새로운 차 인구를 확장하지 못함은 두말할 필요조차 없다. 차가 다른 어떤 음료보다도 맛있으면서도 쉽게 접근할 수 있는 대상임을 깨닫게 하는 장을 펼쳐야 한다.

의미 없는 넘침과 지남침은 열정의 낭비이고 정신의 부재이다. 커피를 비롯한 외부 세계의 유행과 현실 앞에 혀만 차지 말고, 내

부부터 갈무리하여 차의 세계를 새로이 만들어 가야 한다. 차와 음악, 차와 운동, 차와 미술, 차와 문학, 차와 연애 등 새로운 세대를 위한 차의 세계를 빨리 개척해야 한다. 차는 사람을 행복하게 하고 즐겁게 하며 편안하게 만드는 그 무엇보다도 가치 있는 존재이기에.

• '비움'과 '간결함'

숨 가쁘게 달려온 지난 일일랑
이제 귀 접어 두고
차 한 잔 하세나

찻잔을 내려놓으니
모과 한 개 데굴데굴 굴러와
모과는 서리를 맞아야 맛이 있다 하니
산(山)이 제 먼저 알고
찻잔에 들어앉아
차 한 잔 부으라 하네

눈 어둡고, 귀 아득한 세월 앞에 두고
함께 온,

차향(茶香)에 젖은 벗이여
모과처럼
친구도, 함께 서리 맞은 친구가 제일이라 하니
이 차 한 잔에
짐 벗어 저 산에 주고
훌훌 마음만 젊어지고 가시게

농사를 짓고 살아가는 유창섭 시인이 쓴 「茶 한 잔」처럼 차는 비움과 간결함에 그 가치가 빛을 더한다. 차는 복잡하게 얽히고설킨 생활을 풀어가는 해독제이다. 아니 다디단 맛으로 정서를 평화롭게 하고 몸을 안정시키기에 당의정(糖衣錠)이다. 당의정 한 알을 앞에 두고, 아니 한 잔의 차를 마주하고 마시면서 거기에 무슨 상하(上下)나 전후(前後)를 가르고, 대소(大小)와 강약(强弱)을 나누랴?

그런데 오늘날 우리의 차회는 어떤가? 편 가르기와 차별이 횡행하고, 갖춤과 복잡함의 쓴물이 배어 있다.

"어떻게 저렇게 다건(茶巾)을 접지? 왜 저런 차도구를 사용하지? 행다(行茶)가 좀 부산해 보이지 않아? 옷도 화려하기만 하지 차와는 안 어울리잖아? 대단한 줄 알았더니 저 차회도 별것 아니네!"

"저 차회는 좀 허접하네! 차도구가 너무 평범하고 행동은 단순하다 못해 볼 것이 없어. 집에서나 마시지. 왜? 이런데 나와 남 앞에서 발표한다고 그래."

차 축제의 장이나 단체 차회가 펼쳐지는 자리에서 거의 예외 없이 들리는 말이다. 참으로 난감하다. 차를 차도구나 행다의 표현에 국한하여 배우고 생각하고 있다는 방증이기도 하기 때문이다. 이럴 때면 되레 묻고 싶어진다. "당신은 어떤 차회 소속인지요? 어느 선생님에게서 차를 배웠는지요?"

차의 정신은 물 흐름과 다를 바 없을 것이다. 하여 차회를 통한 차 생활은 소소한 즐거움이고 편안한 일상이며 부담 없는 활동이어야 한다. 차회는 물 흐르듯 자연스러운 차 생활을 고양시키는 사랑방과 같은 존재이기 때문이다.

도구를 갖추고, 옷을 갖추고, 나와 너 또는 우리와 저들의 편을 갖추고…… 차의 세계가 흥기(興起)하려면 차회마다 갖춘 것을 비워내는 비움의 철학이 필요하다.

이렇게 차를 마시고, 저렇게 행동을 하고, 도구는 어떻게 펼치고…… 차의 세상을 널리 펼치려면 차회마다 억지로 짜 맞추어 만들어 낸 온갖 것의 복잡함을 간결함으로 자리바꿈시켜야 한다.

홀로 홀짝거리며 차 마시기, 친구들과 자유롭게 떠들며 차 마시기, 가족들과 TV 보며 차 마시기, 이웃 불러 음식 즐기며 차 마시기, 친지들과의 술자리 뒤풀이로 차 마시기.

차회는 이렇듯 늘 자유롭게 우리 곁에 있어야 한다. 이 시대가 요구하는 차회가 바로 이런 것이다. 차회는 이 시대에 적합한 차문화, 차생활의 지남철(指南鐵)에 다름 아니다.

직장과 지역 이동으로 지금은 정기적 모임은 하지 않지만, 몇 사람과 차회를 만들어 차와 술을 즐기다 적어둔 필자의 졸시로 이

'차회 소회(茶會素懷)' 글을 매조진다.

三笑茶風삼소다풍

茶爐一煙雲다로일연운	차 화로에 한 줄기 연기가 구름처럼 피어나면
獨飮微微笑독음미미소	홀로 가만히 차 마시며 보일락말락 미소 짓지
善緣圍興坐선연위흥좌	좋은 사람끼리 둘러앉은 즐거운 자리
品茶呵呵笑품차가가소	일품 이품 차를 평하며 떠들썩하게 웃고
空山明月夜공산명월야	텅 빈 산, 휘영청 달 밝은 밤이면
忘茶心心笑망차심심소	차까지 잊고 마음속으로만 가만 웃지
惑問三笑風혹문삼소풍	어느 뉘 있어, 이 삼소의 다풍을 물으면
無言喫茶笑무언끽다소	말없이 차나 마시며 빙그레 웃지

차에 대한 맛 나고 멋 나는 표현

• 표현의 획일성

"선우야! 차 맛 어때?"

"예, 달고 맛있습니다."

"우와! 차가 그렇게 맛있다 말이야? 우리 딸 대견한데……"

"오늘 마시는 차 맛은 어떤 것 같아?"

"예, 달고 맛있어요."

"……"

차를 마시며 늘 맛을 묻는 아빠, 변함없이 똑같은 말을 되풀이하는 유치원 다니는 큰딸. 꼭 앵무새들의 도돌이표 말장난 같은 가족 차회(茶會)의 모습이다. 뭔가 창의적인 질문도 없고, 같은 차가 아님에도 달고 맛있기만 한 차일 뿐이다.

마시는 차에 대한 표현을 유도하는 나도 문제지만, 일곱 살짜리 유치원생이 차를 마시며 '달고 맛있다'니 그것 역시 문제면 문제다.

찻잔을 두 손으로 감싸 쥔 모습도 귀엽고, 표현이 어른스러워

아이에게 물었다.

"찻잔은 두 손으로 쥐어야 하고, 차를 마실 땐 소리 내지 말아야 하고, 차 맛을 달다·맛있다 라고 해야 한다고 누가 시키든?"

"예, 우리 유치원 차(茶) 선생님이 그렇게 해야 한다고 했어요. 나는 오늘 아무 말도 안하고 또 차를 한 방울도 흘리지 않고 마셨어요. 그래서 칭찬 스티커 받았어요."

"……"

아이의 말을 들으면서 순간 아무 말도 하지 못 하고 말았다. 칭찬도 할 수 있었고, 잘 했다고 살짝 안아 줄 수도 있었건만…

개인의 느낌까지도 획일적으로 만들어버리는 교육의 모습. 어찌 그리 우리 어릴 적 그때와 다르지 않은지! 안타까움과 아쉬움 때문이었지 않았나 싶다. 벌써 이십 년이 지난 일이다. 유치원 다녔던 딸아이가 대학도 졸업했으니 말이다.

시간은 묶어 둘 수도 없는 것. 그렇게 세월이 흘렀다. 그렇다면 교육 현장의 교육 방법론은 좀 나아졌을까? 아니 차 생활 교육이나 차 예절 교육의 현실은 개선되었을까? 차 교육 단체가 많아져 차 선생님들이 넘쳐날 정도가 되었는데……

각설(却說)하고, 다시 돌아 가보자.

'달고 맛있다'는 말을 차를 마실 때마다 내뱉었던 현장, 아니 선생님의 말씀을 충실하게 따랐던 딸아이의 차 마시는 현장.

나는 아이와 차를 마시며 아쉬움인지? 아니면 안타까움인지? 여하간 뭔가를 풀고 싶었다. 차를 마시며 며칠간은 아이에게 맛이니 향기니 하는 말은 하지 않았다. 어차피 갑자기 표현을 독창적으로 할 수 있는 것도 아닌 것 같고, 현상에 대하여 다양한 표현도 가능하지 않으리라 생각했기 때문이다.

• 감성적 표현의 아름다움

그러던 어느 날이었다. 평소처럼 저녁 9시가 되자, 큰딸아이가 "차를 마시자"며 평소 내가 앉던 자리를 차지하더니만 안계철관음(安溪鐵觀音) 차통을 꺼내 들었다. 어설프게 차를 우려서 내게 한 잔을 주더니만,

"아빠! 저도 차 잘 우리지요? 나는 이 차 마실 때가 제일 기분이 좋아요. 향기도 좋고 맛도 좋아서요."

"응. 그렇지. 이 차는 맛도 좋지만, 향기가 참 좋지? 그런데 우리 딸은 왜 이 차를 마시면 기분이 좋아질까? 좋은 이유를 한 번 말해 보면 어떨까?"

"예, 꼭 꽃밭에 있는 것 같아요. 바람이 불면 꽃향기가 나잖아요. 꼭 콧속에 꽃이 있는 것 같아요. 꽃물 먹는 것 같기도 하고요. 그래서 좋아요."

아이의 말에 깜짝 놀랐다. 독창적이지 않다느니, 다양하지 못하다느니 하는 것은 어른의 잣대에서 금 그어진 잘못된 판단이었다. '달고 맛있다'는 어른의 생각이 만들어낸 철지난 유행어 같은 것이

지만, '콧속의 꽃'과 '입안의 꽃물'은 세차게 솟아오르는 숭어와 같은 생명의 언어였다. 언니의 영향이었는지 네 살 터울인 둘째 딸아이도 초등학생 시절 내내 언니와는 또 다른 표현으로 나를 놀라게 했다.

옛사람들이 물 끓는 소리를 송풍성·회우성(松風聲·檜雨聲)이라 하고, 물이 끓어오르는 모양을 하안·어안(蝦眼·魚眼)이라 한 것을 두고 얼마나 감탄했던가? 그 섬세하면서도 해학적이고 서정적이면서도 지혜로운 표현.

그러나 그건 오늘날의 우리가 저도 모르게 감춰버렸거나, 까맣게 잊어버린 표현이었다. 그렇지만 늘 잠재되어 있어, 자그마한 자극에도 폭포수처럼 쏟아져 나올 원형질 같은 것이었다. 나는 그걸 유치원생 딸아이에게서 발견했다. 그리고 그것이 어쭙잖은 교육이, 설익은 어른들의 자기 생각 입히기가 가리고 있다는 것도 알았다.

작은딸 아이가 한 말이 지금도 생생하다.

"아빠! 이 차는 꼭 가을 숲속으로 걸어가는 느낌을 줘요."

대홍포(大紅袍)를 두고 한 표현이다. 이럴 때 '왜'라고 물으면 큰일이다. 나는 내 방식으로 달리 표현하면 될 뿐. 그때 내가 어떤 말을 했는지 기억나지 않으나, 분명한 건, 아이보다 식상한 말을 했을 것이다. 내가 받아온 그놈의 교육이, 내 사고의 틀을 정물화의 사각 액자처럼 만들어버렸으니…

• 직서적 표현의 삭막함

중간 각설하고, 다시 현실로 돌아 와보자.

우리는 차를 마시며 색, 향, 미에 대하여 표현들을 많이 한다. 하지만 모두들 자기의 표현이 박물관 가판대에 있는 복제품이거나 심드렁한 내뱉기 식임을 모른다.

"이 차 참 맛있네. 딱 내 스타일이야. 향도 맛도 다 좋아."

"이 차는 좀 떨떠름하네. 목이 조이는 느낌도 들어."

이뿐이랴?

"요즘 차를 많이 마셔서 그런지 속이 안 좋아. 그래서 잘 안 마셔. 갓 볶은 커피를 파는 집에서 간혹 커피는 마시지만."

"난 대용차를 좋아해. 차 보다는 꽃차나 감잎차가 부담 없고 맛있어."

말하는 사람도 듣는 사람도, 멋없고 재미없다. 오히려 가만히 있어 주거나, 미소만 살짝 띠어 주는 것이 백배나 낫다. 이럴 때 떠오르는 한 편의 시가 있다.

언어는

꽃잎에 닿자 한 마리 나비가

된다.

언어는

소리와 뜻이 찢긴 깃발처럼
펄럭이다가
쓰러진다.

꽃의 둘레에서
밀물처럼 밀려오는 언어가
불꽃처럼 타다간
꺼져도,

어떤 언어는
꽃잎을 스치자 한 마리 꿀벌이
된다.

문덕수 시인의 「꽃과 언어」이다. 이 시처럼 진실한 언어화에 실패했을 때, 그 언어들은 쓰러지고 만다. 꽃이라는 대상 혹은 세계의 주위를 맴돌며 수없이 많은 언어들이 떠돌다가 사라진다. 그러나 어떤 언어는 꽃잎에 닿자 꿀벌이 되는 것처럼 존재의 가치를 빛내기도 하고 황홀하게도 한다. 하지만 어떤 때는 말 없는 미소가 꿀벌이 될 수도 있다. 생명력 없는 말들이 넘쳐나는데, 차를 마시면서까지 무가치한 표현을 보탤 필요가 무에 있을까? 말은 줄이고 차를 마실 일이다. 하지만, 표현해야 한다면 맛나고 멋 나는 표현을 해야 할 것이다.

• 멋 나고 맛 나는 표현

"한 잔의 차가 몸을 맑게 깨우는 것 같아요. 차의 덕이 느껴져요."

"향기가 마치 나비가 하늘거리듯이 피어나는 것 같군요. 차에서 어찌 이런 신비로운 향기가 날까요?"

"찻물의 색이 마치 가을 하늘처럼 투명하게 보여요. 우리 마음도 이러면 좋을 텐데."

"맛이 꼭 갓 구운 고구마처럼 구수하고 달콤해요. 마시기도 전에 침이 입안 가득 고였어요."

"차 마시는 이 시간이 진짜 묘용시(妙用時)라고 느껴져요. 차가 의식을 깨우기 때문일까요?"

한 번씩 나랑 같이 차를 마시는 사람의 표현이다. 차를 마시면서 순간순간 내뱉는 말 속에 향기가 있다. 참으로 멋들어져 듣는 사람으로 하여금 미소를 가득 머금게 한다.

차를 마시면서 우리가 해야 할 표현은 이런 것이 아닐까? "맛이 이상하다느니, 잠이 안 온다느니, 속이 아프다느니, 품질이 떨어진다느니" 하는 표현은 찻자리를 삭막하게 만든다. '차성무사(茶性無邪)'라고, 차에는 삿됨이 없을진대, 어찌 개인의 편협함을 찻자리에서까지 드러낼 것인가?

고아한 운치가 스며있고, 푸근한 덕성이 들어 있으며, 빛나는 지성이 돋보이는 표현이 필요하다. 게다가 해학미(諧謔美)와 골계미(滑

안동 심수관가 행사에서의 손님 접대. ©박홍관

稽美)까지 있으면 금상첨화(錦上添花)이다.

몇 년씩 차문화(茶文化)의 언저리를 공부한 차인이라면 어찌 그런 표현을 못할 것인가? 결코 어려움을 느낄 정도의 표현이 아님이 분명하다. 괜히 멋쩍어하거나 자기표현 능력을 스스로 과소평가하지만 않으면 된다.

'하늘의 도는 이롭게 하면서도 해치지 않고, 성인의 도는 행하면서도 다투지 않는다.(故天之道, 利而不害, 人之道, 爲而弗爭)'고 했다. 차를 마시는 이유가, 우리네 삶도 마음도 이렇게 되기 위해서일 것이다.

고운 사람은 아름다운 차와 같다.(佳茗似佳人) 차의 정신과 고운 사람의 마음으로 보면, 모든 게 투명하고 맑고 아름다울 것이다. 하여 차를 품할 때도, 사람을 평가할 때도 그 투명한 아름다움이 표현에 드러날 것이다.

차를 마시며 굳이 표현을 해야 한다면, 맛나고 멋 나는 표현을 하자. 말 속에는 그 사람의 향기가 들어 있다. 감성과 지성이 녹아 빛나는 말을 하자. 차 생활을 하며 닦아온 삶의 지혜와 여유를 풍부하게 드러내자. 내가 해서 신나고 재미있으며, 남이 들어 감동적이고 즐거운 표현을 하자. 차의 향기가 은은하듯이 차인의 말은 주위를 가만히 아름다움으로 적셔야 한다.

다식(茶食)에 대한 단상(斷想)

고아(高雅)하게 혼자서 차를 마시거나, 눈빛만으로도 미소 짓게 하는 지기(知己)와 차를 마시면 그 자리가 바로 무릉(武陵)이다. 차는 몇 잔이면 충분하고, 깊고 그윽한 생각, 조근조근한 대화와 사이사이의 침묵이면 된다. 다른 무엇은 순백지(純白紙)에 격조 없이 그려진 채색화일 뿐이다. 그렇게 차를 마시면, 그게 바로 신(神)의 경지이고 승(勝)의 자리이다.(飮茶之法 獨啜曰神 二客曰勝)

그러나 어디 찻자리가 이렇게만 펼쳐지는가? 간혹 사람이 많아 시끄럽기도 하고, 부산스러운 이가 섞이기도 한다. 그러면 찻자리는 바로 아취가 사라진 일상적 음료 시음장으로 전락된다.(飮茶之法 客衆則喧 喧則雅趣索然)

다식(茶食)이나 다악(茶樂)까지도 군더더기가 되는 이런 찻자리는, 아름다울 뿐 아니라 꿈꾸듯 그리운 자리이다. 하지만 현실에선 문턱에서 좌절하는 '도전 골든벨' 같고, 헤매다 도달하지 못 하는 신기루 같다. 쉬이 이루어지지도 편히 누려지지도 않는 궁극의 이상적인 찻자리이다. 이럴 땐 차라리 군침 도는 다식(茶食)이 필요하다. 차 마시는 즐거움을 실상에서 배가(倍加) 시키기 때문이다

오감을 만족시키는 즐거운 찻자리에 다식은 고명의 역할을 한

다. 차의 맛을 더하고, 위를 안정시키며, 먹는 기쁨을 준다. 일상의 찻자리, 일상의 먹을거리. 그게 다름 아닌 다식의 시작이며 끝이다. 이 글은 평소에 차를 마시며 느낀 다식에 대한 몇 가지의 단상이다.

• 다식(茶食)과 향과(香菓)의 어휘 선택

얼마 전의 일이다. 여럿이서 차를 마시는데, 차 동호인 중의 한 분이 용어에 대한 의문이 있다며 불쑥 말을 꺼냈다.

"어떤 차인이 다식이란 단어는 우리가 사용하던 말이 아니고, 일본에서 건너온 것이라고 하던데 정확히 좀 알고 싶어요."

'일전에 어느 큰 행다 단체(行茶團體)의 선생과 차를 마시며 다식을 권했다. 다식이란 말은 일본에서 온 것이니 사용하면 안 되고 향과(香菓)라고 해야 한다. 족보 없이 빌려 온 말을 앵무새처럼 따라 사용하면 안 된다.' 이상은 어이된 일인지 묻는 나에게 동호인이 설명한 대략이다.

이럴 땐 난감하다. 답변의 강도 여하에 따라 어떤 이는 난도질 당하기도 하고, 또 얼토당토않은 답변으로 좌중을 엉터리 지식으로 혼란하게 만들 수도 있다. 근거와 실상을 바탕으로 정확한 지적이 필요하다.

"고려사(高麗史) 중동팔관회의(仲冬八關會儀)의 부분을 보면, 왕과 태자 그리고 신하들에게 다식을 올리는 부분이 나온다.[1] 또, 우리의 시문(詩文)이나 고조리서(古調理書), 실학자들의 저서에도 다식은 적지 않게 등장한다.[2] 게다가 일본서기(日本書紀)에는 향과가 다식의 개념과 달리 향기 나는 과일이란 뜻으로 등장한다.[3] 이로 보면 다식이라는 말은 우리가 일본에서 차용한 어휘가 아님이 분명하다. 시간 날 때 여러 자료를 한 번 소개해 드리겠다. 그리고 다른 나라에서 사용하던 어휘일지라도 차용하여 이미 일반화되었다면 언어의 역사성으로 보아 사용하여도 무방하다고 본다." 그날 내가 대답한 내용의 개략이다.

여기서 목은 이색(牧隱 李穡)의 시 일부를 보자.

細嚼微甘生齒舌세작미감생치설 오물오물 씹으니 입안에 감도는 달착지근한 맛
依俙當日逐諸公의희당일축제공 예전에 제공을 따르던 일 어렴풋이 떠 오르네.

---

1 고려사 권 제69 중동팔관회 부분「양부 악관들과 호위하는 군인들이 차례대로 층계에 올라 각각 본 자리로 가는 것은 소회의 절차와 같다. 다음에는 근시관들이 왕에게 다식을 드리는데 집례관은 전을 향하여 몸을 굽히어 권한 다음 태자 이하 시신들에게 다식을 차리는 바 다식이 나올 때 집례관이 "배"라고 하면 태자 이하 시신들이 다 재배하고 자리에 앉아 이것을 받아 먹은 다음 일어나 읍한다. 전상에 차, 술 및 식사를 나르고 태자 이하 시신들에게 차를 주고 음식을 차릴 때에 주악이 시작되고 멎는 것 등은 일체 소회의 절차와 같다.(次兩部樂官近仗軍人以次升階各就本所又如小會儀 次近侍官進御茶食執禮官向殿躬身勸次設太子以下侍臣茶食食至執禮官贊 拜 太子以下侍臣皆再拜就座受食食訖起揖 殿上進茶進酒進食及太子以下侍臣賜茶行酒設食禮數樂作止並如小會儀)」

2 목은(牧隱)의 칠언율시 "종덕부추팔관개복다식(種德副樞八關改腹茶食)", 실학자 이익의 성호사설(星湖僿說), 빙허각(憑虛閣) 이씨(李氏)의 규합총서(閨閤叢書) 등

3 "케지마모리가 토코요노 쿠니에서 돌아왔다. 가지고 온 것은 사시사철 향기 나는 과일 여덟 꼬치 여덟 줄이었다."(田道間守至自常世國 則寶物也非時香菓八竿八縵焉)

다식은 배려이고 정(情)이다. ©박홍관

조용조용 씹는 달착지근한 다식이 아주 순기능을 하고 있다. 다식은 예로부터 어느 민족을 막론하고 소중한 찻자리에서 일상화된 음식임이 분명하다. 그리고 다식이란 단어가 다른 나라의 어휘를 로열티 없이 사용하는 것이 아님도 확실하다.

다식이란 용어를 주저 없이 사용하자. 또한 즐거움이 수반되는 찻자리에서 오감만족 다식을 거리낌 없이 먹자.

• 다식(茶食) 유형의 다변화

다식이라 하면 거의 예외 없이 과실을 꿀이나 설탕에 절인 정과(正果)이거나, 송화나 곡식의 가루를 꿀과 조청 등으로 반죽하여 다식판에서 찍어낸 분말 성형 다식류이다. 떡이나 유과 등의 전통 한과도 자주 등장한다. 그런데 찻자리에 참석하다 보면 아쉬울 때가 종종 있다. 어디를 가도 독특한 특징이 보이지 않기 때문이며, 마시는 차의 분량이나 종류에 따라 다른 것도 먹고 싶을 때가 있기 때문이다.

물론 다식은 차를 마시면서, 눈은 황홀하게 입은 즐겁게 위는 편안하게 분위기는 부드럽게 만들기 위해 한 두어 조각 먹는 것이 맞다. 하지만 그렇다고 그게 다는 아니다. 다양한 차가 우리의 차 생활에 깊숙이 들어와 있고, 찻자리의 유형과 시간도 각양각색이

다식은 찻자리의 빛나는 조연이다. ©오상룡

다. 다식도 다변화되어야만 한다.

이미 오래전의 일이다. 다양한 차를 마시며 즐겁게 지내고 있는데, 좀 알려진 차 선생님이 오셔서 합석하게 되었다. 마침 탕수육과 고량주가 배달되어 왔다. 순간 그 동석한 차 선생님께서 일어나시더니, 바쁜 일이 있다며 차를 한 잔도 드시지 않고 나가 버렸다. 훗날 들린 얘기가 아주 몰상식한 사람들이라는 핀잔이었다. 요즘도 정과나 가루 다식을 알록달록 만들어 내어야만 훌륭한 다식이라며 칭찬하시는지 궁금하다.

다식은 찻자리의 상황과 분위기, 차의 종류와 참석한 사람의 기호에 따라 달라질 수 있기에 정형화할 수 없다. 때론 주차장(酒茶

場)이 되어도 허물일 수 없으며, 주지육림(酒池肉林)의 자리에 차가 끼어들어도 상관없다. 차는 좋고 나쁨의 구분을 짓지 않기에, 어떤 자리 어느 누구와도 어울린다. 차가 그럴진대 다식 또한 예외가 아니다. 나의 기호와 상대의 기호가 일치하면 좋고, 아니면 상대의 기호에 따라 다식을 내는 게 우선이다.

다만 담정(淡靜)한 자리, 풍성한 자리, 고적(孤寂)한 자리, 흥성거리는 자리를 구분하면 될 뿐이다. 역사적으로든 현실적으로든 살펴보면, 모든 음식이 실상은 다식이다. 고정관념을 버리면 다식의 지평은 무한정 넓어진다. 물색 모르고 정형화된 다식만 좇아서는 안 된다. 거기에 더하여 더 넓고 다양한 음식 세계로 다식은 나아가야 한다.

다식은 차를 곁들여 먹는 간단한 한 끼의 음식일 수도 있고, 주연인 차에 버금가는 찻자리의 뛰어난 조연이기도 하다. 영화(찻자리)를 흥행시키고, 주연(차)을 더욱 빛나게 하는 유해진(조연) 같은 존재가 다식이다. 다식의 가치는 절대 평가절하될 수 없는 찻자리의 핵심이다.

• 다식 만세

지금은 쉬고 있지만, 차 동호인들과 절기차회(節氣茶會)를 한동안 가진 적이 있다. 입춘 절기를 맞아 원소병(元宵餠)을 다식으로 준비

했는데 참 신선했다. 찹쌀가루를 갖가지 색으로 반죽하여 소를 넣고 빚어서 삶아 내어, 오미자 꿀물에 띄운 화채였다. 『규합총서(閨閣叢書)』에 중국에서는 정월 대보름을 원소(元宵)라 하는데, 음력 정월 대보름날 밤에 달을 보며 먹은 떡이라고 하여 원소병(圓小餠, 元宵餠)이라고도 하였다고 적혀 있다.

우리와 중국의 원소병이 같든 다르든 상관없이, 다식의 활용으로 돋보인 자리였다. 다식의 즐거움과 재미는, 차회가 열리는 시절과 차회의 성격에 맞춘 음식내기에 달려 있다. 정형화·고정화·일반화되지 않은 다식. 얼마나 기대되고 설레는가?

빈들의
맑은 머리와

단식(斷食)의
깨끗한 속으로

가을이 외롭지 않게
차를 마신다.

마른 잎과 같은
형(兄)에게서
우러나는

아무도 모를
높은 향기를
두고 두고
나만이 호올로 마신다.

다형 김현승(茶兄 金顯承) 시인이 쓴, 「다형(茶兄)」이라는 제목의 시다. 단식의 깨끗한 속으로 마시는 차의 신묘함이 느껴진다. 그렇다 이럴 땐 다식이 필요 없다. 차의 향기가 다식(茶食)이고, 마음고요가 다악(茶樂)이며, 몸의 평화가 다화(茶花)가 되기 때문이다.

긴 돌담 밑에
땅거미 지는 아스팔트 위에
그림자로 그리는 무거운 가을 저녁
짙은 크레파스의 가을 저녁

기적은 서울의 가장자리에서
멀리 기러기같이 울고
겹친 공휴일을 반기며
먼 곳 고향들을 찾아가는
오랜 풍속의 가을 저녁
사는 것은 곧 즐거움인 가을 저녁

눈들은 보름달을 보듯 맑아 가고
말들은 꽃잎보다 무거운 열매를 다는
호올로 포키트에 손을 넣고 걸어가도
외로움조차 속내의처럼 따뜻해 오는
가을 저녁

술에 절반
무등차에 절반
취하여 달을 안고
돌아가는 가을 저녁…
흔들리는 버스 안에서

그러나 가을은 여름보다 무겁다!
시간의 잎새들이 떨어지는
내 어깨의 제목 위에선…

역시 다형 김현승(茶兄 金顯承) 시인의 「가을저녁」이라는 시이다. 외로우면서도 겹친 공휴일에서 기쁨을 찾는 소시민의 따스한 삶이 느껴진다. 이럴 땐 술과 차와 다식이 필요하다. 한 잔의 술과 한 잔의 차, 거기다 맛과 멋이 곁들여진 다식 한 점. 요즘 어린아이들 표현처럼 기쁨 끝판왕이다. 아니 다른 표현으로 찻자리 만세, 다식

만세이다.

한 잔의 차로 슬픔을 이기려 하고, 두 잔의 차로 외로움을 떨치려 하고, 석 잔의 차로 기쁨을 세우려고 할 때에 다식은 말 없는 동반자이다. 세상 수많은 음식이 차에 곁들여지는 다식으로 재탄생되기를 가만히 바라며 글을 맺는다. 차 한 잔, 다식 한 점 하면서…….

내일 / 예찰 / 내다보다

한국차 품평대회의 방향성에 대한 제언

• 향·맛(香味)의 객관적인 평가의 어려움

찻자리에서 자주 듣는 도돌이표 말이 있다.

"이 차 어때요?"

"예, 차가 참 좋습니다."

차회를 주관하는 사람은 차의 좋은 점을 칭찬받고자 묻는 말이고, 차회에 참석한 사람은 예의상 좋은 말을 한 것이다.

사람의 마음은 거의 대동소이 아닌가? 편해야 한다. 차를 잘 알든 생소하든 누구나가 의도된 찻자리에서의 물음에는 마음이 불편해진다. 다른 말로, 차에 대한 반전문가든 생초보든 마시는 차에 대한 표현이 어디 객관적일 수 있는가? 개인적 취향에 따라 달라질 수 있고, 상황과 분위기, 몸의 상태에 따라 느끼는 감각이 달라지기도 한다. 개인적인 찻자리에서도 이러할진대, 공식적이거나 격식을 갖춘 찻자리에서는 향과 맛을 오롯하게 객관화시키기는 더욱 힘들어진다.

어떤 분야이든, 그 분야의 전문가라 할지라도, 모두가 인정하고 수긍할 수 있는 객관적이고 합리적인 평가를 하긴 어렵다. 하물며 단순한 동호인이거나 초보일 경우에는, 좋고 나쁨에 대한 주관적인 판단도 쉽게 내리지 못한다. 하여 그들은 전문가라는 사람들의 의견을 경청할 것이고, 일정 정도의 전문지식을 갖출 때까지 남의 기준을 자기화하는 잘못을 범할 수 있다. 그렇기 때문에 특정 분야의 단체나 협회는 적확(的確)한 기준을 세워야 하고, 전문가는 그 기준에 합당한 지식을 갖춰, 합리적이고 객관적인 평가와 판단을 할 수 있어야 한다. 특히나 공개적인 품평대회라면 더 말할 필요가 없다.

• 차 품평 기준 정립의 필요성 제기

자, 그러면 이상의 생각들을 우리 차의 세계에 적용하여 의문을 던져보자.

"각각의 차에 대한 품평의 기준이 차의 고유한 특성에 적합한가?"

"품평에 참가한 품평가(評價者)의 품평 결과가 차를 오랫동안 마신 사람들을 이해시킬 수 있는가?"

"품평대회에서 입상한 제다인이나 제다공장의 그해 차가 입상등급의 맛을 유지하는가?"

"적합하겠지?"라는 단순한 생각이, "안 그런데!"라는 복합적인 생각으로 자꾸만 희미해진다.

왜일까? 아직 우리 차의 제다 방법(製茶方法)이 유형별, 지역별, 단체별로도 기준이 불명확할 뿐 아니라, 품평 기준이나 방식 그리고 품평차의 유통 체계도 완전 정립이 안 되어 있기 때문이다. 아직 걸음마 단계이고 시작 단계이다. 시행착오의 과정은 짧을수록 좋다. 그러기 위해서 품평차의 출품 방식, 품평 기준, 품평차 유통까지 신뢰 받는 국가를 참고하는 것도 좋을 것이다.

• 타이완의 차 품평대회의 목적과 방식

타이완은 품평대회를 비새(比賽, Competition)라 하고, 대회의 입상차(入賞茶)를 비새차(比賽茶)라 한다. 타이완이 비새를 하는 목적은 명확하다. 국가적으로는 차문화의 질적 향상을 위해서고, 생산자를 위해서는 차산업의 발전을 이루고자 함이며, 소비자에게는 좋은 차를 쉽게 찾아 마실 수 있도록 하기 위해서이다.

타이완의 비새는 우리처럼 전국의 차를 모아놓고 품평하는 방식이 아니라, 차가 생산되는 시(市), 현(縣), 구(區)에서 주관하는 대회이다. 비새에서는 국가 기관의 전문가가 색, 향, 미, 외관 등을 까다롭게 평가해 등급을 매긴다. 고품질의 비새차를 만든 차농(茶農)은 공신력을 획득하게 되기에, 차의 품질 향상을 위해 끊임없이 노력한다. 덕분에 소비자는 양질의 차를 정당한 가격에 구매할 수 있으며, 덕분에 각 지역은 차에 대한 명성이 높아져 지역 차산업은 더욱 활성화된다.

타이완은 차산업의 국제적 경쟁력을 위해 차만을 전담하는 국가기관이 있다. 세계인들의 타이완 차에 대한 신뢰는, 오랜 시간 동안 품질 향상을 위해 국가와 지역이 합심하여 이룬 기술 발전과 위생 생산의 결과물이다. 타이완의 비새는 그 결과물의 출발이고, 과정이며, 핵심이다.

타이완의 비새는 시·정부 단위의 차 경합이라고 할 수 있다. 1970년대에 시작하여 지금까지 발전적으로 이어가고 있다. 초기에는 일부 지역에 국한되었으나, 지금은 타이완의 전역에서 지역 특산차의 특색있는 비새가 열리고 있다. 이 비새를 통하여, 타이완 차 생산지의 제다 기술이 더욱 정교하게 발전되었고, 그를 통해 품질 향상으로 이어졌으며, 결국 차의 브랜드화가 이루어져 소비자가 믿고 구매할 수 있는 지역 특산차가 되었다. 타이완의 비새는 지역마다 춘차(春茶)로 출품되는 봄과 동차(冬茶)로 출품되는 가을에 두 번 열리고, 일부의 차는 특성에 따라 여름에 한 번 이루어지기도 한다.

• 타이완의 차 품평대회의 실제

품평대회의 심사 기준은 지역마다 차이가 있지만, 대략 다음과 같다.

1. 타이완 정부, 시, 농회 홈페이지 등에서 대회 일정과 심사 기준 공지
2. 접수, 참가비 입금 뒤에, 대회 규정에 맞게 정해진 양의 차를 출품 - 23근(13.8kg)이 일반적이며, 차와 지역에 따라 11근(6.6kg)을 출품하기도 한다.
3. 차의 샘플을 채취하여 농약 잔류 검사- 국가 기관·주최 농회·민간단체에서 검사한다. 규정(수입차, 농약 기준치의 초과)을 위반하면, 시 관련 법령 및 비새 규칙에 따라 실격 처리하고 폐기한다.
4. 관능 평가에 따른 심사.
* 1차 심사: 맛 40%, 향 30%, 외관 20%, 수색 10% 등의 기준으로 평가한다. 대만「행정원 농업위원회 차업개량장(行政院農業委員會茶業改良場)」의 전문 인력과 주관 부서 평차(評茶) 위원이 함께 심사 진행한다. 이때는 '미입선 / 우량장 / 입선'의 세 가지로 등급을 매긴다.
* 2차 심사: 입선한 차는「행정원 농업위원회 차업개량장」의 전문 인력이 심사한다. 필요에 따라 몇 차례 재평가도 한다. 차 출품량에 따라 심사 단계나 기간에 차이가 있고, 심사는 차종에 맞는 물 온도와 우리는 시간을 정해 진행한다. 차종 특성에 맞게 평가 항목 당 점수가 다르다.
5. 심사 후 비밀번호 접수·심사 번호와 대조) 및 입상자 명단 공개
   - 세부 분류 기준, 등급 명칭, 등급별 비율은 지역·작황에 따라 상이
   〔특등장 〉 (두일장(頭壹裝) 〉 두등장 〉 이등장(금질장) 〉 삼등장(은질장) 〉 우량장/(參梅, 貳梅, 壹梅)〕
6. 비새 입상품 균일 포장
   차에 따라서 300g, 150g, 75g 등으로, 등급만 다르게 적혀 균일 포장된다. 즉, 외부 포장 상자와 내부 철제통(tin case)에 주최사, 연도, 계절, 차 고유번호, 수상 등급 등이 적힌 씰(Seal)을 2중, 3중으로 붙인다. 포장이 끝나면 정해진 기일에 출품자에게 반환되고, 미입선 출품자에게는 탈락 이유와 개선 사항이 전달된다.
7. 시상식 및 전시 판매회 개최
   입상자들에게는 입상 현판과 상금이 부여된다. 일반 소비자가 비새차를 맛보고 구매하는 등의 행사를 끝으로 대회가 마무리된다.

타이완의 비새가 국제적 신뢰를 얻게 된 데에는, 대만의 차 관련 행정기관인「행정원 농업위원회 차업개량장」의 역할이 크다. 1903년 개설된 이곳은 중앙 행정부 산하 직속기관으로 품종 개발, 다원

관리, 기술 개발, 농약 및 병충해 관리, 차농 지원, 제다 기술 및 품평 능력 향상, 제다 기계 연구, 마케팅 등 차와 관련된 업무를 담당한다. 차만을 다루는 국가 기관은 해당 분야의 발전에 절대적일 수밖에 없다.

• 한국의 차 품평대회의 실제

그러면 우리나라의 차 품평대회는 어떤가? 2021년 농림축산식품부가 주최하고, (사)초의차문화연구회가 주관한 품평대회 공고를 살펴보자.

〈대한민국 차품평 대회〉 공고 및 참가신청 공고

1. 참가자격: 국내에서 식품 영업 신고를 받은 차 생산 농가
2. 출품량: 품목당 1kg. 수상차 이외는 품평 후 반환
3. 출품 종목: 녹차(덖음차, 증제차), 발효차(완전 발효차로 홍차, 황차만 가능)
4. 참가비: 품목당 5만 원- 참가서류로는 참가 신청서와 식품 영업 신고필증
5. 출품접수: 우편 및 현장 접수 가능
6. 품평대회 장소 및 일시: 서울 코엑스 제19회 티월드 페스티벌 내 특설 무대-대회: 7. 29.(목)
   -시상 및 경매: 8. 1.(일)
7. 수상작 특전: 경매(대상), 전시, 시음, 우선 구매
8. 심사위원 구성: 22명(심평전문가 7, 소비자심사위원 15)
9. 시상 부문: 녹차(덖음차 / 증제차), 발효차
10. 시상 내역: 각 부문 상장 및 상금(차등제) 대상 1, 우수상 2
    - 품평 방식 및 위원 구성: 대회의 품평 방식과 품평위원 구성은 여기서 생략

이처럼 우리나라도 차 축제나 차 단체의 연례적 행사 등에서 차 품평대회가 적지 않게 열린다. 바람직하지만 아쉬움이 크다. 그런 방식으로는 차산업의 발전을 담보할 수 없을 것 같고, 차의 품질 향상에도 별 도움이 되지 않을 것 같아서이다.

• 한국의 차 품평대회 방식에 대한 제언

그렇다면 우리의 차 산업 발전과 차의 국제적 신뢰를 쌓기 위해서는 어떻게 해야 할까? 타이완의 차품평 대회를 참조하여, 우리 차의 품평대회를 어떤 방식으로 변화시켜야 좋을지를 살펴보자.

먼저, 타이완처럼 차 생산지별 품평대회가 있어야 한다. 전국적인 단위의 차 품평대회는 지역적인 차의 특성이 반영되지 않아, 생산지의 차 발전에 실질적인 도움을 주지 못한다. 독자적인 품평대회를 개최하여, 내적으로 지역 생산차의 품질을 높이고, 외적으로는 지역 생산차의 고부가가치가 확장되도록 해야 한다. 특히 경남의 하동, 전남의 보성 등은 차 종사자와 생산량이 다른 지역과 비교해 압도적이며, 국내외에 한국의 대표적인 차 생산지로 알려진 곳이다. 지역의 차만을 가지고도 자체적인 품평대회를 충분히 열 수 있다. 공신력 있게 대회를 거듭한다면, 차산업의 발전에 분명 도움이 될 것이다. 그리고 경남, 전남을 비롯한 광역자치시도, 권역 내 차산업의 발전을 위해서 자치시도별 품평대회를 개최하는 것

지역 생산차의 품질을 높일 수 있는 차품평대회가 되어야 한다. ©박홍관

이 좋다.

둘째, 품목의 출품량을 대폭 늘려야 한다. 여태껏 해 온 방식처럼, 생산·판매 차의 제품 수거나 출품, 1kg의 출품으로는 대회가 목적하는 것을 이룰 수가 없다. 최소 5~10kg 정도는 출품해야만, 여러 등급의 입상차를 균일 포장할 수 있고, 일반 소비자는 그 입상차의 등급으로, 그해 생산 차의 질적 기준을 알 수 있다.

셋째, 대회 출품차의 제다 방법과 평가에 대한 정확한 표준(standard)과 기준(criteria)이 필요하다. 아직 품평의 걸음마 단계라서 그렇다 하더라도, 입상차의 결과를 놓고 설왕설래하는 경우가 많은 것도 사실이다. 예를 들면, 발효차의 경우에 백차형·청차형·황차형·홍차형·흑차형이 있는데, 그것을 같은 잣대로 시음·평가할 수는 없다. 출품 차의 기준과 품평 방식이 좀 더 정치(精緻)해져야 한다.

넷째, 대회 입상차는 포장을 통일하고, 등급에 따라 가격을 주최측에서 공식적으로 책정한 뒤에 유통되도록 해야 한다. 입상 제다인의 개별 포장으로 유통되게 해서는 안 되며, 가격도 마음대로 책정하게 해서는 안 된다. 출품량을 벗어난 입상 제다인의 다른 차는 개인 포장에 입상 기록은 할 수 있지만, 입상차로 둔갑 유통되지 않도록 해야 한다.

다섯째, 대회 입상자에게는 입상 현판을 만들어 두고두고 영예를 드러낼 수 있게 해 줘야 한다. 대회의 공신력과 위상이 높아지면 절대다수의 차농·제다인이 참여할 것이고, 이는 차의 질적 향상을 가져올 것이다. 실제로 대만의 차농들은 입상 현판들을 주욱 걸어놓고 제다인으로서의 자랑스러움을 밖으로 내보인다. 소비자는 그것을 보고, 그 제다인의 차를 신뢰한다.

여섯째, 중앙·지역 행정기관, 제다 전문인, 차문화·산업 종사자들의 협의체를 만들어 과학적·합리적·객관적 제다 표준과 품평 기준을 세워야 한다. 한 단체나 특정 축제 주최 측이 단독으로 차 품평대회를 여는 것은 지양되어야 한다. 전국에서 산발 되는 차 품평대회는 차문화·산업의 발전을 위해서도 절대 바람직하지 않다.

일곱째, 품평 전문가 교육은 국가 기관에서 해야 한다. 전문 교육 과정은 엄격하면서도 수준이 높아야 한다. 오랫동안 차를 마신 경험치나, 차계(茶界)에서 외부 활동을 제법 한 이력만으로 차를 품평하게 해서는 안 된다. 차 품평은 오랜 공부와 노력, 숙달된 경험 뒤에야 가능하다.

여덟째, 우리 품평차의 종류를 더 개발해야 한다. 지역적 특수성을 바탕으로, 시대적인 요구(trend)에 부합하는 새로운 차를 만드는 게 중요하다. 그래야만 차도 질적으로 향상되고, 결국에는 차산업까지 활성화 될 수 있다. 새로운 차의 진입과 정착을 돕는 바로미터 역할은 차 품평대회의 중요한 가치 중 하나이다.

차의 품평은 차의 품질 기준을 도출하여 고부가가치의 차(茶) 제품을 개발하게 하고, 소비자의 만족도를 높여 차의 소비를 촉진하며, 우리 차 산업의 부문별 전문가 발굴 및 육성에 이바지한다.

우리의 차 품평과 품평대회가 시대와 지역에 맞게 전광석화처럼 정착·발전하기를 희망하며, 마음속으로 광제선사(匡濟禪師)의 시를 가만히 음미한다.

喫禪茶 三句끽선차 삼구

分別味印泥분별미인니	맛을 구별함은 진흙에 도장을 찍음이고
知味似印水지미사인수	맛을 앎은 물에 도장을 찍음이며
忘味如印空망미여인공	맛을 잊음은 허공에 도장을 찍음이다
此是合一味차시합일미	이것이 하나의 맛으로 합하여
一味相泯時일미상면시	이 한 맛이 서로 어우러지면
流水明月下유수명월하	물 흐르는 밝은 달 아래
可入不二門가입불이문	불이의 문에 들었다 하리라
別別별별	별별
喫茶去끽다거	차나 마시리

차문화 축제의 방향성에 대한 제언

• 축제의 의미

축제(祝祭)는 일반적으로는 '경사를 축하하여 벌이는 큰 규모의 행사'이다. 물론 축제에 내포된 의미가 다양하고 깊어 쉽게 단정지울 수 없지만, 현대인의 의식 속에서 축제는 '특정 또는 일반 대중을 위해 어떤 주제를 가지고 벌이는 기념 의식'이라고 보면 된다. 이러한 축제는 생활 공동체 혹은 일의 공동체를 기반으로 성립된다. 생산과 노동에 참여하는 사람들, 창조하고 향유하는 사람들이 함께 벌이는 문화적 결정체로서의 제전이자 잔치이며 놀이다.

• 차문화 축제의 성격과 문제 진단

차문화 축제 또한 다르지 않다. 생산자, 소비자가 근간이 되어 특정의 문화가 형성되고, 이를 바탕으로 관련된 사람들이 특성화한 주제를 설정하고 잔치를 즐긴다. 차문화 축제의 성격을 보면 다양하지만, 크게 나누면 대략 다음과 같다. 차 생산자(차 생산지 농

가) 중심의 축제, 차 소비자(차단체 또는 차인 연합) 중심의 축제, 차도구 생산자(도예인) 중심의 축제, 차 판매자(상인 연합) 중심의 축제, 차 문화 수용자 중심의 축제 등이다.

축제의 주제와 주최·주관의 주체를 보면, 축제별 차이가 뚜렷하게 구별됨을 알 수 있다. 하지만 실상의 축제는 어떤가? 주제와 형식과 내용에서 뭔가의 차별성이 보이지 않는다. 다만 축제가 펼쳐지는 공간의 특수성이나 시기의 특이성만 조금 드러날 뿐이다. 주제에 맞춘 학술 발표, 한국과 중국, 일본의 차인 초청 차회 발표, 차나 차문화 관련 판매 부스 설치, 축제 참가자의 차 시음 활동 등으로 천편일률적이다. 그러다 보니 해를 거듭할수록 오히려 참여도가 떨어지고 있다. 그것뿐이 아니다. 큰 특색 없는 차축제가 전국에 산재되어 있고, 또 봄(4, 5월), 가을(9, 10월)에 중첩되다보니, 소비자·수용자도 분산되어 자연스레 참가자가 줄고 있는 실정이다.

차축제는 차와 연관된 지역별 문화 표출의 한 장르이며, 주최측의 의도와 목적이 잔치의 형태로 형식화한 집단 문화 기획품이다. 하여 오늘날 거의 등식화돼버린 "차축제는 다름 아닌 tea expo"라는 생각은 한참 잘못된 것이라 할 수 있다. 그런데 현실을 둘러보면 그게 아니다. 차문화 축제장은 차나 차 관련 상품, 건강 상품이나 전통 관련 상품의 판매장에 다름 아닌 것처럼 보이기 때문이다.

오늘날 우리의 차문화 축제가 노출시킨 이와 같은 여러 문제점을 해결하기 위해서는 정확한 진단이 필요하다. 구체적으로 한 번 살펴보자.

먼저, 지자체나 특정 단체 또는 특정 차회 주도의 축제가 가진 한계이다. 축제가 해를 거듭해도 외연이 확장되지 않을 뿐 아니라 내실은 되레 부실해진다. 이는 '축제를 통한 미래지향적 차문화 확립'이라는 목적성과 전문성의 결여 또는 상실에서 비롯된 것이다.

둘째는 역사적·지역적·전통적 고유성을 담아내지 못한 축제 내용의 획일성이다. 축제의 목적과 주제가 다르면 내용과 형식이 달라야 함에도, 거의 모든 차축제가 유사한 내용과 형식으로 진행된다. 차인이나 지역민 또는 일반 대중의 참여를 유도하지 못하는 절박한 이유가 된다.

셋째는 과도한 상업화로 '보고, 즐기고, 참여하는' 진정한 축제의 정신이 결여된 것을 들 수 있다. 축제장인지, 물품 판매 난장인지 도대체 성격이 모호한 경우이다. 단지 경제적 수익이 목적인 것처럼 축제의 본질적 의미가 왜곡되어 버린다.

넷째는 지속적이지 못한 이벤트성 차축제로 머무는 경우이다. 시간적·경제적 낭비이며, 전체 차문화 축제의 불신을 야기한다. 거시적 안목으로 계획되고 준비된 축제가 아니라 특정인의 실적내기나 보여주기에 다름 아닌 축제이기 때문이다.

그러면 이와 같은 차문화 축제의 문제점들이 드러나는 이유는 무엇 때문일까? 무엇보다 축제가 가지는 기본적인 속성에 대한 체계적인 이해 부족을 이유로 들 수 있을 것이다. 차문화 축제가 회를 거듭할수록 발전하기 위해서는 그 바탕이 되는 역사적·문화적 전통에 바탕을 둔 공동체 의식이 전제되어야 한다. 축제의 주체나 객체가 또는 주최자와 참여자 모두가 고유한 역사의식을 공유하는 집단 공동체로서의 역사·문화에 대한 자부심이 있어야 한다. 요즘의 차문화 축제가 특정 문화 단체나 이익 단체에 의한 사회 현상처럼 보이기 때문에 많은 문제점을 노출하고 있는 것이다.

• 차문화 축제가 지닌 문제의 해결책

위에 제시된 몇 가지의 문제점들을 해결하기 위해서는 보다 심층적인 조사와 연구가 병행되어야 하지만, 그 문제 해결의 핵심은 어렵지 않게 파악할 수 있다.

첫째는, 축제 주체의 전문성 확보와 축제의 주제 및 목적의식의 완벽한 정립에 있다. 축제는 주최자와 참여자 간의 문화적 공감대가 이뤄져야 하며, 이 시대에 맞는 내용과 형식이 되어야 한다. 그러기 위해서는 끊임없는 연구와 변화 노력이 필요하다. 주먹구구식으로 축제의 구성 내용만 나열식으로 보여주거나, 다른 축제에서의 독특한 형식을 무조건 차용해서는 축제의 가치만 없어질 뿐이다. 축제의 목적과 의의를 명확하게 설정하고, 합당한 내용과 형식으로 구성해야 성공한 차축제로 정착하고 발전할 것이다.

둘째는 축제가 공동체의 의식 함양과 그 표현의 수단에만 머물게 해서는 안 된다는 것이다. 차문화 축제를 통해 평소에 의식하지 못했던 차인 공동체 의식을 확인할 수도 있고, 상호 간의 동료의식을 가질 수 있지만, 그건 어디까지나 과정일 뿐이다. 차문화 축제는 역사적·지역적·전통적 고유성을 토대로 지역민이나 일반 대중 또는 관광객까지 자연스럽게 참여할 수 있도록 해야만 한다. 차문화 축제의 참여가 자연스럽게 역사·문화 활동으로 이어지도록 해야만 날로 발전하는 축제가 될 것이기 때문이다.

셋째는 차축제의 지역적·공간적 특성의 차이, 주최 성격과 목적의 차이가 뚜렷하지만, 공통적으로 너무 상업성이 강하게 표출된다는 점이다. 물론 축제 연희에 상당한 자금이 필요하고, 참여자에게 좋은 차문화 물품을 저렴하게 제공한다는 목적도 있지만, 축제의 정신에 합당한가는 따져 보아야 한다. 생산자 중심의 축제라면 당연하겠지만, 거의 모든 축제장에서 똑같은 난장(亂場)이 벌어지는 것은 분명 문제이다. 차문화 축제와 차문화 관련 박람회는 분명 구분되어야 한다. 차문화 축제장은 모든 참여자에게 차와 연관된 문화 수용과 향유의 장이 되어야 한다. 축제가 열리는 공간과 시간, 축제의 목적과 의도, 축제 참여자의 성향과 특성이 명확하게 파악될 때, 축제의 내용과 형식이 적확하게 구성될 것이다.

넷째는 차문화 축제는 우리 전통문화에 대한 자긍심의 표현이어야 하고, 새로운 문화 창달에 대한 자부심의 표현이어야만 한다. 축제가 완전히 정착하고, 전통으로 자리 잡기 위해서는 축제 참여자 모두가 정신적인 충족감을 느끼도록 해야 한다. 축제 참여자에게 봉사·희생만 강요하거나 물질적인 보상만으로 끝나게 될 경우, 차축제는 일회성 이벤트로 끝나버릴 수 있다. 문화적 안목 없이 지역이나 단체의 과시욕에서 출발한 축제는 이미 문화적 순수성이 상실된 것으로 보면 된다. 참여자의 자발성이 부족할뿐더러 신념과 자부심이 없기에 상황과 조건이 변하면 축제는 하루아침에 없어진다. 애초 축제가 없는 것만 못한 경우이다. 차문화 축제는 축제의 주체·객체 없이 모두가 자발적이어야 하며, 지역·단체·협회 등의 정체성이 축제 연희를 통해 극적으로 표현되어야 한다.

• 차문화 축제의 필요성

오늘날 많은 차문화 축제가 열리고 있다. 앞으로도 계속 생길 것이고 또 사라질 것이다. 하지만 한 가지 분명한 것은, 차인과 일반 참여자의 정신과 문화 함양에 도움을 주는 축제가 되지 않으면 존재 가치가 없다는 점이다. 비록 차문화 축제의 역사가 깊지 않더라도, 지역적·공간적 특성을 살리면서 참여자의 정신적 만족과 문화적 욕구를 충족시키면, 전통으로 자리 잡을 수 있을 것임이 분명하다. 현대 사회에서 전통적인 요소가 과연 삶을 풍요롭게 하고 아름답게 하는데 효용성이 있을까 싶기도 하다. 하지만 세속적인 일상에 정신적·예술적·문화적 가치를 부여하고, 보다 나은 삶의 방향을 설정하는데 차문화 축제가 중요한 지침서의 역할을 할 수 있다. 차가 일상에서 삶의 정신적 구심점으로 머물 수 있도록 여러 가지 대안으로서의 실질적인 기능을 제시할 수 있기 때문이다. 차

차 축제장에서의 접빈 장면. ©오상룡

문화 축제에서 전통적 요소를 찾아내고 발전시킨다면, 전통의 축제적 재창조에만 머물지 않고, 지역적, 국가적 문화정체성의 확립과 개개인의 삶의 정체성을 확인하는데 분명 도움을 줄 것이다.

차문화 축제의 방향성에 대한 고민은 곧 우리 사회의 아름다움과 우리의 삶에 대한 고찰과 다르지 않다. 현대 사회의 탐욕어린 황금만능주의나 자기 과시적 한탕주의·이기주의는 차문화 축제에서 제거해야 한다. 일반적인 관광 축제나 주민 화합 축제와 다르게 차문화 축제는 전통적인 문화, 예술, 정신의 결정체이다. 오늘날 차는 웰빙 문화를 대표하는 음료로서의 기능과 정신의 계발을 위한 도구로서의 기능을 담당하고 있다. 차가 바로 우리 민족의 삶과 정신문화를 일깨우는 문화 코드로서의 역할을 하고 있는 것이다. 차문화 축제가 그 첨병의 역할을 할 것임을 두말할 필요가 없다. 기존의 차문화 축제가 더욱 발전하여 차문화의 확장에 도움을 주기를 기대한다.

한국 차도구의 미래 지향, 'K-POT'

• 기억과 현실

장작가마의 불길이 거셌던 날이 있었다. 도공의 손은 늘 봄 흙처럼 따스했고, 발은 대지처럼 굳건했다. 불 지핀 가마가 열리는 날은 작은 축제장이었고, 불기운 머금고 나오는 작품은 축제의 주인공이었다. 그런 좋은 날들이 있었다.

어느 날부터 가마는 불길을 잃었다. 가마의 문은 멍든 마음처럼 굳게 닫혔다. 매몰차게 떠난 사람처럼 차디찬 바람만 일었고, 그 바람에 찬 재만 날렸다. 도공의 손은 굳은 흙처럼 메마르고, 발은 진흙처럼 힘이 빠졌다. 늘 이렇게 마르고 힘 빠진 날이 되었다. 세상에 속은 것인지? 아니면 세상을 잘 못 본 것인지? 한결같을 줄 알았는데, 재 넘어간 햇살처럼 지금 도예인은 암울한 현실의 강을 건너고 있다. 아니, 우리의 차문화계(茶文化界)가 현재 점점 더 깊은 잠에 빠져들고 있다.

오늘날 전국의 차 마시는 인구는 대략 300여만 명이 될 것이라고 추산한다. 1980년대를 지나며 한국의 차문화계는 가히 폭발적인 성장을 했다. 경향각지(京鄉各地)에서 많은 차단체가 결성되고, 전통찻집이 세워졌으며, 차 마시는 인구도 증가했다. 거기에 비례해서 많은 제다인(製茶人)과 도예인(陶藝人)이 탄생했으며, 찻자리를 꾸미고, 차를 마시는 행위는 고풍스러우면서도 건강한 문화의 한 줄기가 되었다.

• "아! 옛날이여"

그런데 우리의 차문화계는 아직까지 깊지도 길지도 않은 어제를 그리워하면서, 새롭게 나아갈 엄두를 못 내고 허둥지둥한다. 60~70년대의 어려웠던 세월을 인고(忍苦)로 보낸 이들이, 부족했던 그들의 문화적 욕구를 차를 통하여 충족시키던 80~90년대의 틀이 아직도 작동하고 있다.

"이젠 내 곁을 떠나간 아쉬운 그대기에
마음속의 그대를 못 잊어 그려본다."

그러나 그 시절의 영화(榮華)는 절대로 돌아오지 않을 것이다. 새로운 길을 찾지 않으면…. 그렇게 풍성하고 활기찬 차문화를 중흥한 차인 1세대, 1.5세대는 진즉 저문 놀빛이 되었다. 이제 차와 차도구의 세계에 새로운 차인 2세대, 3세대에 의한 제2, 제3의 물결이 넘실거려야 한다. 차인, 차인회, 제다인, 도예인 등 누구 할 것

홍우경 작가의 달항아리 변주 K-POT. ©박홍관

없이 새로운 길을 지체 말고 내달려야 할 때이다.

시대를 읽지 못하면 정체된다. 정체는 머묾이 아니라 도태의 시작이다. 두렵지 않은가? 시급하지 않은가? 이 시대에 알맞은 새로운 길 찾기….

"달빛 물든 속삭임 별빛 속의 그 밀어
안개처럼 밀려와 파도처럼 꺼져간다"

그렇다. 이제 도예는 차인 1세대, 1.5세대의 과거를 잊고, 2세대, 3세대를 위해 새롭게 출발해야 한다. 찻자리(茶席)의 꽃이 차도구이지만, 인문·예술·철학이 융합된 꽃이 되어야 함은 이런 이유에서다. 우리의 산하(山河)가 우리의 삶과 정신을 만들고 키웠듯이, 우리의 삶과 정신이 우리의 차도구를 만들게 하고 또 자연스럽게 받아들이게 한다. 모든 것은 변화한다. 변화는 아쉬움의 그림자를 남기지만 기대를 낳고, 새로운 희망의 불씨를 지핀다. 지금의 고통에서 느끼는 이 참담한 현실은 과거이고, 미래는 두둥 오고 있다.

"아! 옛날이여 / 지난 시절 다시 올 수 없나, 그날. / 아니야, 이제는 잊어야지 아름다운 사연들 / 구름 속에 묻으리 모두 다 꿈이라고"

꿈은 꿈으로 극복하면 된다. 과거의 행복했던 꿈은 현실의 자양분이 될 것이다. 허튼 욕망의 꿈은 버리고, 도예인으로서 새로운 성취의 꿈을 욕심내야 할 때이다. 그러기 위해서는 이 시대가 요구하고 갈망하는 것을 선제적으로 찾아야 한다.

• 'K-POT'(케이 팟) 바로 '케이 티팟'(k-teapot)

한국인의 조형의식이 시대적인 인문, 철학과 결부되어 만들어지는 차도구. 용기(容器)로서의 단순한 기능성을 넘어 문화적 큰 의미를 담아야만 하는 차도구. 한국적이지만 세계인의 문화의식에 자극을 줄 수 있어야만 하는 차도구. 그게 바로 'K-TEAPOT'이다.

그러면 새로운 K-POT을 위하여 한 가지 질문을 던져 보자.

"우리 역사에'K-POT'은 있었던가? 있었다면 무엇인가?"

원래는 K-POT이었건만, 물 건너가 K-TEAPOT이 된 가장 한국적인 그릇(Pot). 국제적인 명성에 기대어 한국 차문화계로 딴 나라 이름을 달고 거슬러(逆) 들어온 찻그릇.

우리의 생활 사발이었건만 '이도(井戶)', '고모가이(熊川)', '긴까이(金海)', '이라보(伊羅保)' 등의 이름으로 이웃 일본에서 찻그릇으로 애용되었던 조선 그릇.

조선의 산하대지를 닮아 덤덤한 듯, 유장한 듯, 무심한 그릇.

어느 날 문득, 일본의 차인들이 무욕(無慾)의 심미(審美)를 상징하는 찻사발로 전용(轉用)한다는 것을 알게 된 그릇.

그렇다. 고려다완(高麗茶碗)이라 불리는 조선의 다완이다.

의도하지 않았지만, 조선의 그릇은 일본의 차인들이 추구하고자 했던 와비차의 꽃이 된 것이다. 케이 팟의 성공 사례로, 이는 앞으로 우리의 찻그릇이 나아가야 할 길을 암시한다. 지금까지처럼 조선다완의 부활이니, 이도(井戶)의 재현이니 하며, 문화의 뿌리도 없는 문화품에 갇혀 지내서는 안 된다.

• 'K-POT'에 대한 의식의 잉태와 실험

현대 차그릇의 형성에 큰 영향을 끼친 1세대 물레대장이었던, 고(故) 홍재표(洪在杓) 도예가의 자제인 홍우경(洪雨鏡) 진주요(晉州窯) 대표가 이런 말을 했다.

"케이 팟은 과거의 재현에 있는 것이 아닙니다. 가장 우리 것이면서도 인류 보편의 정서를 담아낼 수 있어야 하고, 현재적이면서 미래의 가치를 담고 있어야 합니다. 시대성이 담보되지 않으면 단순한 기물 이상의 가치가 없고, 깊은 고민과 철학이 내포되지 않으면 창조성을 띠지 못합니다. 한국의 원형질적인 미감을 극소(極小)까지 살펴 형상화해야만 합니다. 우리와 다른 정서를 가진 외국의 찻그릇을 어설프게 흉내 내거나, 문화적 원형도 불분명한 찻그릇을 답습하듯 만들어서는 케이팟으로 나아갈 수 없습니다. 이제 시작이지만, 2020년 7월 인사동에서 「코로나 그리고 달항아리」라는 주제로 케이 팟의 새로운 시도를 해 봤습니다. 제 나름대로 일정한 성과를 거뒀고, 나아갈 방향을 찾는 계기가 되었습니다. 앞으로 우리나라의 그릇(K-POT · K-TEAPOT)이 한국적이면서도 세계와 공유되는 보편적 미의식을 형상화할 수 있기를 희망합니다."

"아! 옛날이여
지난 시절 다시 올 수 없나. 그날
그날이여"

이제 새로운 날을 시작해야 한다. 오늘이 미래의 "아! 옛날이여"가 되도록 만들어 가야 한다. 그렇다면 우리는 이 K-POT을 구체적으로 어떻게 설명해야 할까?

먼저, 'K(케이)'의 의미를 살펴야 한다. K에는 외적 특성과 내적 특성이 한 덩어리로 짜여 있다. 외적 특성의 바탕에는 지역성과 공간성이 있고, 내적 특성에는 지역과 시대 위에 존재하는 정서와 철학이 있다. 즉, K는 한국이라는 지역 공간에서 인류 세계라는 확장 공간으로 이어지면서, 특정한 정서가 지역과 시대를 뛰어넘어 보편적 정서로 승화되는 가치에 대한 개념어(概念語)이다.

이 K는 저항이나 변혁을 지향적 가치로 본다. 과거를 성찰 없이 답습(踏襲)하고, 미래를 준비 없이 안주(安住)하면, 남는 것은 소멸뿐이다. 우리 도예가 융성하게 부활하기 위해서는, 지금 당장 K를 그릇에 구현해야 한다. 우리 흙으로 우리 도공이 만든 것일지라도, 어쭙잖게 외국 그릇 흉내 낸 것은 K가 구현된 그릇(K-POT)일 수가 없다. '케이 팟'은 새로움의 가치를 추구하고, 그 새로움까지도 비틀어버리는 혁신 가치 위에 있다.

홍우경 도예가가 이렇게 말했다.

"저는 차 우리는 그릇(茶罐)의 시대성을 고민하다가 '신속성', '투명성', '개방성'을 떠올렸습니다. 이 세 가지는 한국이라는 지역적 체계에서만 유효한 것이 아니라, 인류의 보편적 가치에도 부합한다고 생각했어요. 그 결과 탄생한 것이 달항아리 제작 방법을 응용한 물대 없는 그릇(茶罐)이지요. 우려진 찻물이 나오는 물대를 없앤 그릇(茶罐)의 탄생은, 대상에 대해 체계화된 고정 관념을 뛰어 넘어보고자 한 결과물입니다. 물성이 야물고 단단한 백자로 만들어진 물대 없는 그릇은, 차를 우리면 다관(茶罐)이지만, 커피 드립에 사용하면 드립서버(Drip server)가 됩니다. 저의 '케이 팟'은 낯설지만 본연에 충실하고, 단순하지만 과감한 형태를 취한 그릇(茶罐)으로 먼저 출발했습니다. 밖으로는 전통이라 부르는 기존의 질서에 안주하지 않고 맞서면서, 안으로는 의식을 각성하고 혁신하면서 'K'의 세계로 거침없이 나아가보려고 합니다."

어떤 분야든 K의 세계로 나아 감은 어렵고도 힘든 길이다. 누가가 본 적도 없고, 향기로운 꽃길도 아니다. '케이 팟'은 더 말할 필요가 없다. 새로운 개척의 길이다. 과거 영화를 누렸던 그릇도 변화하는 시대 앞에서 먼저 변하지 않으면, 그 의미나 쓰임이 없어진다. 아니 아예 외면받는다. 지금의 현실이 딱 그렇다. 실상의 원형이나 뿌리도 애매할뿐더러, 우리의 차문화적 실체에서 출발한 것이 아닌 그릇(茶碗/茶罐)의 재현과 답습에만 치중한 결과이다.

코로나 시대 이후의 사회 구조는 구성원의 의식 변화 속에서 이전과 같지 않을 것이다. 시간과 공간의 활용이 과거와는 달라질 것이 분명하다. 거실이나 차실에 보여주기식으로 나열되어 있던 차도구의 시대는 이미 생명이 다했음이다. 단순하고 간편한 미니멀 라이프(minimal life)의 차생활 시대가 문득 우리 곁에서 서성이고 있다. 하여 기물을 쌓아 놓고서 찻자리를 우쭐하게 펼치던 방식은 코로

홍우경 작가의 달항아리 변주 탐구 과정의 백자다관. ©박홍관

나 이전의 한 풍경으로 기억될 것이다.

차도구의 'K'시대를 하루빨리 개척해야 하는 이유가 이보다 더 클 수는 없다. 관념적으로 고정되었던 대상을 우리의 정서를 바탕으로 새롭게 바라봄이 'K'의 시작이다. 기존의 틀을 더욱 발전시키고, 다르게 해석하고, 새롭게 해체해버리는 길을 서둘러 가야 한다. 이는 이 시대 도예인의 숙명이며, 더불어 살아가는 차인의 사명이다. 숙명은 만드는 데 있고, 사명은 호응하는 데 있다. 이렇게 탄생하는 차도구(K-POT)는 분명히 지역, 계층, 세대, 시대를 뛰어넘어 새 생명을 가질 것이다.

'수직적 정서가 아니라 수평적 정서', '지배의 개념이 아니라 평등의 개념', '관념의 대상이 아니라 일상의 대상'으로 만든 그릇(茶碗, POT)이 과거 우리가 만들어 성공한 'K-TEAPOT'이듯이, 미래의 'K-TEAPOT'은 '대상을 해체하여 시도하는 변혁적 사고', '일상의 재해석에 의한 새로운 창조','문화적 욕구를 자극하는 특이성의 형상화', '한국적 정서와 철학이 바탕이 된 조형의 현대화'로 나아가야 할 것이다. 쉽지 않은 이 고민을 지금 바로, 당신과 나, 우리가 해야 한다.

한국의 차명론(茶名論)

•「꽃」과 이름

인식과 존재의 의미를 다룬 김춘수(金春洙) 시인의 절창(絕唱)「꽃」의 일부이다.

내가 그의 이름을 불러 주기 전에는
그는 다만
하나의 몸짓에 지나지 않았다.

내가 그의 이름을 불러 주었을 때
그는 나에게로 와서
꽃이 되었다.

시인은 이 시에서 존재의 가치는 관계의 의미망 안에서 이루어지며, 그 관계는 존재의 가치에 대한 적확(的確)한 인식과 의미 부여에 있다고 노래한다. 이 시가 노래하듯, 우리가 아무렇게나 부르는 이름들도 단순한 음가적(音價的) 특성에 머무는 것이 아니라, 대상의 본질을 핵심적으로 규정화한 것이다. 이름이 대상의 본질을 드러내지 못한다면, 이미 그것은 무의미한 음가에 불과할 뿐, 가치성은 품지 못한 것이기 때문이다. 인간의 문화적 삶 속에서 가치성을 지니게 되면, 실체가 있든 없든 대상은 특정한 의미를 지니게 되면서 이름을 얻게 된다. 대상은 하나하나가 유의미한 개체요 특별한 존재이다.

• 우리 차의 이름이 가진 문제 진단

"우리 집에 차 한 잔 마시러 오세요. 이번에 좋은 차를 가져왔습니다."

그 아니 반가운가? 좋은 차도 차이려니와, 잊지 않고 불러 준 사람이 고맙고, 그와 같은 차회를 맞이하는 상황이 행복하다. 손오공이 근두운(筋斗雲) 탄 것처럼 부리나케 달려가, 함박웃음 애써 참으며 찻자리에 앉으니, 줄줄이 차들이 다식(茶食)과 함께 나온다. 왁자지껄 즐거이 먹고 마시면서, 속으로 "내가 전생에 무슨 좋은 일을 했나?"고 가만히 헤아려 볼뿐이다.

"이 차는 '○○○ 녹차'입니다. 근래 마셔본 차 중에서 단언컨대 백미(白眉)라고 말 할 수 있습니다. 이 집에서 만든 발효차도 누가 쉽게 흉내 낼 수 없을 거예요."

마셔온 세월만큼이나 여기 저기의 차 만드는 집을 더러는 알지만, 때때로 그 차가 어느 지방에서 만든 차인지 캄캄할 때가 있다. 그뿐만 아니라 발효차도 어떤 방식으로 만든 차인지는 마셔봐야만 안다.

"하동에서 생산된 차인가요? 발효차는 민황(悶黃) 과정을 거쳐 만든 황차를 말하는 것인지요?"

말해 주지 않으니 질문해야만 하고, 질문하면 구체적이어야만 갑갑증을 풀 수 있다. 물론 묻지 않고 즐기기만 해도 되지만, 알고 싶은 것이 인지상정 아닌가?

"예, 맞습니다. 하동 화개의 ○○○가 만든 차이고, 발효차는 살청 과정을 거치지 않고 만든 황차입니다."

"아. 그렇군요. 제가 처음 들어보는 차 이름이어서 화개에서 나온 것인지 몰랐습니다. 일반적인 황차는 살청 과정을 거치는데 이 차는 그 과정을 생략했군요. 그냥 발효차라고 이름 붙여서는 곤란할 것 같은데…."

"지역이 그리 중요한가요? 저는 누가 만들었는가가 핵심이라고 봐요. 또 차를 인위적으로 발효시킨 것이라면, 그냥 발효차라고 하면 되는 것 아닌가요? 만든 분도 '○○○발효차'라고 했어요."

여기서 말이 더 길어지면 좋지 않다. 마시는 차와 다식에 대한 예찬으로 넘어가야만 찻자리는 화기애애 즐거워진다.

하지만 즐거움을 가득 나누어야 할 찻자리만 아니었다면, 결코 뒤로 물러서지 않았을 것이다. 그만큼 우리의 차가 가진 이름에 문제가 많다고 여기기 때문이다.

자, 여기서 다시 찻자리에서 언급되었던 두 가지 문제를 짚어보자.

먼저, '○○○ 녹차'라고 했을 때, 차회 주관자가 설명하기 전에는 아무도 그 차의 생산지를 알 수가 없었다. 차나무의 수종에는 비록 큰 차이가 없다고는 하지만, 풍토와 환경이 다르기에 분명 차나무의 성향과 차의 맛에는 차이가 있다. 마땅히 지역적·문화적·역사적 특성을 규정화하고 의미화한 이름이 붙여져 제품화되고 유통되어야 한다. 개별적 생산자의 이름으로 또는 생산자가 독자적으로 붙인 이름으로 차가 유통된다면, 지역과 차가 동떨어져(遊離) 차의 지역성을 잃을 수밖에 없다.

• 우리 차의 이름 짓기에 대한 제언

2020년도 자료를 보면, 경남 하동군의 차 생산 농가수는 2,100여 농가이고, 그 가운데 10% 이내가 차를 개인 상품화하여 판매하고, 전남 보성군은 570여 농가가 차를 생산하고, 자체 상품화는 70여 농가가 하고 있다. 얼마나 많은 이름의 차가 존재하는지 생각만 해도 머리가 어질어질하다. 하동의 경우만 놓고 그 문제의 해결책을 찾아보자.

먼저 하동 차의 대표 산지인 화개(花開), 악양(岳陽) 등을 권역별로 나누고, 그 권역별로 차의 이름을 통합적으로 정한다. 다음으로 생산자나 제다공장은 차통의 아래에 첨기(添記)하여 차의 질적 우월성과 책임성을 드러낸다. 예를 들어 화개권역에서 생산된 덖음 녹차를 공통적으로 '화개옥로(花開玉露)'라고 한다면, 우전, 세작, 중작 등의 상품 등급의 표기와 생산자나 제다공장의 표기는 포장 통에 따로 기입하면 되는 것이다. 이렇게 하면 누구든지, '화개에서 생산된 차이고, 누가 만들었으며, 등급은 어느 정도'임을 쉽게 알 수 있게 된다.

우리가 알거나 즐겨 마시는 세계의 많은 명차들이 거의 예외 없이 이 방식을 선택하고 있다. 이유는 간단하면서도 합리적이다. 생산된 차의 지역적 특수성과 역사성이 차의 인지도 제고(提高)에 효과적이기 때문이다.

다음으로 발효 황차의 이름이 가진 문제이다. '○○○ 황차' 아니면 '○○○ 발효차'라고 되어 있다. 차를 발효시키는 방식의 차이에 따라 이름이 달라야 할뿐더러, 발효시킨 차라 하더라도 차의 이름에 '황차'나 '발효차'란 이름을 직접 붙이는 것도 정상적이진 않다. 차의 특징과 가치를 잘 헤아린 공통된 이름이 차의 산지나 제다 유형에 따라 붙여져야만 한다. 생산된 차의 지역도 만든 방식도 같은데, 차의 이름이 수천 수백이니 차의 인지도는 개별농가의 몫이 된 것이다.

「군산은침(君山銀鍼)」은 중국 호남성의 동정호 안에 있는 군산도에서 생산한 황차다. 지역성과 차의 외형을 잘 드러낸 이름으로 중국 황차의 대표성을 띠고 있다. 이름이 차의 본질을 잘 드러내어 그 가치를 더욱 빛낸 경우이다. 우리가 참조(benchmarking)해야 할 사례 중의 하나라고 보면 된다.

내가 그의 이름을 불러 준 것처럼
나의 이 빛깔과 향기에 알맞은
누가 나의 이름을 불러 다오.
그에게로 가서 나도
그의 꽃이 되고 싶다.

우리들은 모두
무엇이 되고 싶다.
너는 나에게 나는 너에게
잊혀지지 않는 하나의 눈짓이 되고 싶다.

김춘수 시인은 「꽃」의 마지막 두 연에서 합당한 가치와 본질을 서로에게 부여함으로써 소중한 존재의 의미를 찾고자 하였다. 대상을 일방적으로 인식하여 호명하는 것이 중요한 것이 아니라, 본질적 가치를 직시하여 인식하는 것이 핵심임을 밝힌 것이다. 올바른 호명은 이미 존재성을 획득한 상태에 다름 아니다.

우리의 언어는 더없이 아름다운 어감을 드러내며 상징성 또한 뛰어나다. 앞으로 우리가 부르고 세계화해야 할 우리 차의 이름에 십분 활용해야 한다. 한자에 어설프게 기대거나 너무 철학적이거나

한국 최초의 녹차 상표.

문학적이지 않아야 함이 마땅하다. 세계적인 브랜드화를 위해서는 외국어로의 쉬운 표기 변환도 염두에 두고 접근해야 한다.

지역성과 역사성 그리고 문화적 탁월성이 드러나는 멋들어지고 예쁜 이름이 우리의 차이름이 되어야 마땅하다. 지금은 차인들과 지자체 그리고 차 생산 농가가 협의체를 구성하여 우리 차의 백년대계를 세워야만 할 때이다. 지역성과 역사성을 바탕으로 본질적 가치를 드러내는 우리의 차명을 부여하는 것도 차의 백년대계를 위한 길임이 분명하다.

한국 황차와 발효차의 명명(命名)에 대한 고민

• 황차 또는 발효차 이름이 주는 혼란

"좋은 황차를 구했는데 맛이 괜찮습니다. 한 번 드셔보세요."

"저는 발효차를 마시면 몸이 편안해져요. 그래서 요새는 녹차보다는 발효차를 자주 마십니다. 이 차는 ○○에서 어렵게 구한 발효차입니다, 맛이 어떻습니까?"

"이 차는 제가 만든 발효 황차입니다. 직접 만든 것이어서인지 몰라도 맛이 환상적으로 느껴집니다. 필요하면 드릴 테니 가져가서 드셔 보세요."

우리 곁으로 시나브로 다가와서는, 연둣빛 찻물의 세상을 담황색 찻물로 물들여 가고 있는 차. 언제부터인가 이 황차인지 발효차인지가 대세가 되었다.

"예, 맛이 괜찮군요. 좋은 황차를 구하셨네요."

"저도 속이 편안해지는 느낌이 듭니다. 구하기 어렵다는 걸 보면 생산량이 많지 않은가 보네요?"

"직접 만드신 발효 황차라고요? 애를 많이 쓰셨네요. 만든 사람과 같이 앉아 차를 마시니 맛이 진짜 환상적입니다."

이 말고 더 어떤 말을 할 수 있으랴! 맛이 좋으냐고 물으면 좋다 할 것이고, 환상적이라고 먼저 표현하면 그 못지않은 칭찬을 덧붙여야만 한다. 황차라면 황차로 받아들여야 하고, 발효차라고 지칭하면 어떤 방식으로 만들어진 차든 그냥 발효차인 것이다.

하지만 여기에 술에 물 탄 듯해서는 안 되는 고민거리가 숨어 있다. 황차와 발효차란 용어가 혼란스럽고, 만든 방식도 가지가지이다. 그리고 자기가 마시는 차나 만든 차가 최고이거나 최상의 제다법이 된다. 딱히 무어라 지칭하기 곤란한 차임에도 무조건 발효차나 황차로 불린다.

고민거리는 격파하는 것이 마땅하다. 혼란은 짧을수록 좋고, 미래지향적 개념 정립은 빠를수록 좋다. 문제의 극복을 위해 다 같이 나서야 할 때다.

• 화개(花開)를 중심으로 살펴 본 우리 '발효차'의 유형

발효(醱酵)는 일반적으로 미생물이나 균류 등을 이용해 인간에게 유용한 물질을 얻어내는 과정을 말한다. 그러나 후발효차인 흑차(黑茶)를 제외한 대부분의 차에 사용되는 발효의 의미에는 미생물의 작용이 전제되어 있지 않다. 산화효소의 작용으로 찻잎 중의 카테킨류가 테아플라빈(theaflavin)이나 테아루비진(thearubidin)이라는 성분으로 바뀌는 산화 현상을 의미하기 때문이다. 그래서 발효 정도에 따라 차를 구별할 때에 불발효차, 반(부분)발효차, 완전발효차로 구획하기도 한다.

차 역사가 오래된 화개를 중심으로 발효차의 유형을 살펴보면, 대략 경발효의 백차류(白茶類), 후약발효의 황차류(黃茶類), 완전발효의 홍차류(紅茶類), 후발효의 작은 떡차류(小餠茶類)이다. 백차류는 '위조(萎凋)'-'건조(乾燥)'의 과정만 거친 뒤에 후발효시킨 것이고, 황차류는 '살청'-'유념'-'민황'-'건조'시켜 만든 차다. 홍차류는 '위조-유념-발효-건조' 과정을 거친 차고, 작은 떡차류는 '살청'-'차 찧기'-'성형'으로 이루어진 차다. 물론 이 차들에다 여러 가지 민간 약재를 첨가하여 마시는 '가미차(加味茶)'도 있다.

이 중에서도 오랜 역사성을 가진 차는 백차류와 홍차류 그리고 가미차이다. 우리가 흔히 감기 처방으로 마셨다고 말하는 전통적인 '잭살차'는 홍차류이고, 일상적으로 끓여 마시기 위해 시렁 위에 쌓아 두었던 차는 백차류다. '고뿔차'는 위조와 유념을 거쳐 만든 차에다가 인동초 넝쿨과 박속 껍질과 마른 돌배를 넣어 끓여 마시던 감기 치료용의 가미차이다.

요즘 들어 많이 마시는 황차류는, 중국차의 제다법을 차용하여 근래에 집중적으로 만들어지고 있는 차다, 떡차류 역시 중국의 긴압차(緊壓茶)와 장흥의 청태전(靑苔錢)을 본떠 요새 만든 차로 보면 된다.

• 우리 '발효차'의 개념 혼란과 대안의 필요성

오랜 차 역사를 가졌고 생활 속에서 차를 활용했음에도, 왜 오늘날에 황차와 발효차라는 용어가 이토록 혼란스러울까? 고민해 볼 것도 없다. 먼저 역사 속에서 고품질의 차를 만드는 방식과 의식이 이어지지 못했기 때문이다. 그리고 일반 차농(茶農)들은 현실적 생계 앞에서 발효 등의 과학적 제다 개념을 정립할 여력을 가질 수 없었다. 뿐인가? 커피 천지의 세상에 절망했고, 중국차의 쓰나미를 만나서는 둥둥 휩쓸려 큰길(大路)을 찾지 못하고 제각각 작은 길(小路)에서 갈팡질팡했다.

늦음을 한탄(晩時之歎)하기 전에, '시작이 반(作始成半)'임을 자각하고 뜻을 모은다(共議)면, 혼란을 바로잡는 일은 어렵지 않을 수 있다. 다만 실상을 정확히 파악하고 적절한 대안을 제시하는 것이 무엇보다 우선이다.

현재 우리의 차 산지에서 만들어지고 있는 발효차는 '황차류〉홍차류〉백차류〉청차류' 순이다. 하지만 일정량 이상으로 제품화되어 시장에서 유통되고 있는 잎차 발효차는 크게 3가지뿐이다. 가장 많은 것이 '살청-유념-민황(중국 보다 온도도 높고 띄움의 시간도 길 다)-건조'의 과정을 거친 황차이고, 황차 방식과 홍차 방식을 혼용한 '위조-유념-민황-건조'하는 발효차가 그 다음이며, 기존의 잭살차처럼 '위조-유념-민황-건조'의 홍차형 차도 적잖게 유통된다. 하지만 이 3가지의 방식도 크게 범주화하면 황차 아니면 홍차 방식이다. 발

가을밤의 달빛 차회.

효차라고 이름하여 유통되어도, 결국은 부분발효(반발효)인 황차류와 완전발효인 홍차류가 거의 전부이다. 앞으로는 더욱 다양하게 변화된 발효차가 만들어지겠지만, 아직은 까다롭지도 복잡하지도 않다. 제도화만 되면 용어의 혼란을 어렵지 않게 바로 잡을 수 있으리라 본다. 다만 차 농가(製茶人)와 해당 지방자치단체 그리고 차인 단체가 중심이 되어 발효차의 이름을 발효 유형에 따라 체계화하는 작업이 우선되어야 한다. 그런 다음에야 시장에서 유통되는 차에 정확한 개념의 이름이 붙여질 수 있기 때문이다.

이렇게 제다 방식의 유형에 따라 차의 이름을 표준화하여 일관되게 붙인다면, 몇 가지의 유익한 측면이 발생하게 된다. 그 첫 번째가 생산자와 소비자의 소통과 교감일 것이다. 제다 방식에 따라 부여된 차의 이름을 보고 소비자가 혼란 없이 바로 자기 기호에 맞는 차를 선택할 수 있기 때문이다. 두 번째는 우리 발효차의 다양성을 내외적으로 천명함과 동시에 획기적인 발전을 유도할 수도 있을 것이다. 발효차 또는 황차란 이름으로만 혼용되던 용어를 체계화하여 다양하게 명명한다면 발효차에 대한 새로운 인식과 접근이 이루어질 것이기 때문이다. 끝으로는 중국 발효차 시장에 우리의 발효차가 수세적 입장에 머물지 않고, 적절한 대응을 할 수 있을 것이라는 점이다. 다양한 문화의 수용이 이루어질 때, 새롭고도 한층 발전된 또 다른 문화가 탄생하는 법. 중국차에서 정립된 다양한 발효 방식과 유형을 체계적으로 수용함으로써 우리만의 독특한 발효차를 발전시킬 수 있기 때문이다. 우리 발효차의 이름을 제다 방식에 따라 표준화하는 작업이 시급하고 시급한 이유가 여기에 있다.

• 적확(的確)한 발효차 이름(茶名)을 위한 제언

나는 시방 위험(危險)한 짐승이다.
나의 손이 닿으면 너는
미지(未知)의 까마득한 어둠이 된다.
존재(存在)의 흔들리는 가지 끝에서

너는 이름도 없이 피었다 진다.

눈시울에 젖어드는 이 무명(無名)의 어둠에
추억(追憶)의 한 접시 불을 밝히고
나는 한밤내 운다.

나의 울음은 차츰 아닌 밤 돌개바람이 되어
탑(塔)을 흔들다가
돌에까지 스미면 금(金)이 될 것이다.

……얼굴을 가리운 나의 신부(新婦)여,

김춘수 시인의 「꽃을 위한 서시(序詩)」라는 작품이다. 이 시처럼 우리의 발효차는 무명에 젖어 아직 얼굴을 드러내지 못하고 있다. 문제점을 인식한 사람들의 인식과 노력도 미풍과 같다. 하지만 곧 세찬 바람이 되어 그 금과 같은 본질을 훤히 드러낼 것이다. 전국의 차농가가 너나없이 녹차의 생산량을 줄이고, 발효차의 개발과 생산에 노력을 경주하고 있는 실정과 맞물려 있기 때문이다. 지금이 우리 발효차만의 고유한 특징을 체계적으로 정리하고 제품화할 최적기이다.

다양하고도 신비롭고 또 탐스러운 발효차의 개발이 뒤따라야겠지만, 이 시점에서 최우선으로 해야 할 작업이 시장에서 유통되고 있는 발효차의 정확한 명명이다. 예를 들면, "○○ 황차", "○○ 발효차"처럼 개별 차농가(○○)의 이름을 붙여 황차, 발효차라고 하는 것은 지양해야 한다. 이렇게 해서는 제품화된 차의 특징이 전혀 드러나지 않는다. 또, 도대체 어떤 의미를 담았는지도 알 수 없는 개별 차농가만의 고유한 발효차 이름도 재고해 보아야 한다. 예를 들면 '방장운하(方丈雲霞)'와 같은 식이다. 이러다 보면 생산지와 제다 방식은 다르지 않은데도 그 이름이 천가지만가지가 되어 버린다.

그렇다고 중국의 황차처럼 이름 붙이는 것도 깊이 생각해 봐야 할 일이다. 호남성에서 생산되는 '군산은침(君山銀針)'이나 '북항모첨(北港毛尖)'은 군산(君山)이나 북항(北港)이라는 공간성이 제시되어 있으면서도, 은침(銀針)이나 모첨(毛尖)이라는 개별 황차의 특징도 잘 드러나 있다. 안휘성의 곽산황아(霍山黃芽)도 마찬가지이다. 하지만 화개나 보성을 비롯한 우리 차 생산지의 발효차는 그 제다 유형이 통일되어 있지 않고 방식도 제각각 다르다. 지역만의 특징적인 발효차 이름을 붙이기 쉽지 않은 이유이다.

이 문제가 지니는 고민거리를 화개에서 3대에 걸쳐 차농사를 짓고 있는 차인과 얘기한 적이 있다. 그이도 역시 개별적 이름을 붙여 발효차를 출시하고 있지만, 국내외적으로 부딪히는 한계성이 매우 크다고 하였다. 한국 발효차의 현주소를 짚어보면서 나눈 여러 대화 끝에 우리는 다음과 같은 결론을 내렸다. 지역성과 결합하여 '○○ 발효차'라고 차통에 명명한 뒤에, '황차'·'홍차'·'백차'

·'청차'·흑차' 형의 제다 방식의 특징을 첨기(添記)하는 것이었다. 예를 들면 〔화개 발효차– 홍차형 잭살차〕식이다. 그렇지 않고 차 생산지의 제각각의 발효차마다 이름을 달리하여 고유명화(固有名化) 할 경우에는, 그 복잡함으로 여러 가지 문제가 또 발생할 수 있으리라고 본 것이다.

어쨌든 지금이 적기이다. 온 국민이 커피 바다에서 허우적거리고 중국 발효차에 매몰되기 전에 시작해야 한다. 차농가와 차인단체 그리고 행정 지원을 책임지는 지역 자치단체가 연합하여 우리 발효차의 백년대계를 위해 명명화 작업부터 서둘러야 한다. 발효차의 연구 개발은 시간의 축적으로 이루어야 할 그 뒤의 문제이다.

차실론(茶室論)

• 공간의 개념과 차실

공간이란 직접적인 경험에 의한 상식적인 개념으로 상·하, 전·후, 좌·우의 세 방향으로 퍼져 있는 빈 곳을 말한다. 사람들은 저마다 크든 작든 간에 이 공간을 자기화하려는 특징이 있다. 누구나 자기만의 공간을 가지려고 하는 이유는 공간이 바로 또 다른 자기화의 표현이기 때문이다. 결국 자기만의 공간은 심리학에서 말하는 것처럼 시각이나 촉각 등의 공간 지각(空間知覺)에 입각하여 만들어진 공간 표상(空間表象)이다. 회화와 건축도 결국은 공간 안에 존재하면서 시간에 따라 변화하지 않기 때문에 '공간 예술'이다. 하여 우리가 집을 짓고 꾸미는 것 또한 생활 속의 예술적 창조 행위가 분명하다. 집은 시대성과 지역성 그리고 문화적 특수성이 가장 집약된 건축이다. 건축 구조와 자재, 내적 공간을 채우는 회화물까지 모든 것이 시대·지역·문화적 토대 위에서 만들어진 창조적 산물로 보면 된다. 고래 등 같은 기와집이건 단출한 초가삼간이건 아니 단독 주택이든 아파트건 간에 그 시대의 예술과 분명 무관하지 않다. 그뿐만 아니라 집을 설계하고 짓는 사람이나, 살면서 생활하는 사람의 예술적 심미안과 철학적 깊이와도 연관이 있다.

공간의 철학적 자기화가 가장 잘 드러나는 곳으로는 서재와 차실을 들 수 있을 것이다. 서재(書齋)는 동서고금과 삼라만상에 대한 깊은 사유가 펼쳐지는 곳이며, 차실은 개인적 심미가 잘 갈무리되어 나타나는 곳이기 때문이다. 그래서 서재를 보면 주인의 정신적 세계를 엿볼 수 있고, 차실을 보면 차인의 심미적 안목을 들여다볼 수 있다.

서재야 개인적 학문 분야의 차이성 때문에 왈가불가 할 것이 못되나, 차실은 문화와 예술의 토대 위에 개인의 심리적 지향성이 내포되어 있어 참 흥미롭다.

그래서 오늘날 우리의 차실이 갖고 있는 독특한 문화를 읽어 내고, 감 나라 배 나라 훈수를 두는 것은 참 재미있는 일이기도 하다.

• 떡판과 다완장(茶碗欌)

차를 좀 마셨다 하는 사람이면 남에게 내세울 만한 떡판이나 다완장 하나쯤 가지고 있을 것이다. 아니 있었을 것이다. 한때는 이집 저집 할 것 없이 차실의 중심에는 둔중한 차탁용 떡판이 떡하니 앉고, 다완장이 든든한 빽처럼 둘러 서 있었다. 거의 예외 없는 우리 차실의 풍경이었다.

떡판이 차탁으로 활용된 것은 우리 문화의 씨줄날줄을 엮은 좌식 생활의 영향이고, 다완장의 활용은 부엌 가구인 찬장의 차가구(茶家具)로서의 현대식 변형이다. 참 흥미롭게도 귀에 걸면 귀걸이 코에 걸면 코걸이식 문화 현상이 오늘날 우리 차실 문화를 관통하는 패러다임이 된 것이다. 패러다임이란 어떤 시대 사람들의 견해나 사고를 근본적으로 규정하고 있는 테두리로서의 인식의 체계나 사물에 대한 이론적인 틀이나 체계를 말한다. 이로 보면 오늘날의 차실 문화를 관통하는 패러다임은 '감춤'이 아니라 '드러냄'이다.

떡판과 다완장은 감춤과 숨김보다는 드러냄과 보여줌을 상징한다. 차실에 들어설 때마다 무언가 들어찬 느낌은 떡판과 다완장이 주는 정서이다. 적절하게 공간 안의 무게감을 배분하고 시선을 유도하기도 하지만 텅 빈 여백의 아름다움은 덜한 편이다. 물론 나쁘지 않다. 하지만 천편일률적인 것이 문제다. 차실 주인의 개인적 안목과 철학이 드러나지 않고, 백이면 백의 차실이 거의 판박이 수준이기 때문이다.

차실에는 모름지기 감춤과 드러남의 묘한 긴장감이 있어야 한다. 늘 같은 자리에 쉬이 옮길 수 없는 큰 물체가 있거나 다양한 기물이 수두룩하게 놓여 있다면 감춤의 기능은 이미 상실한 것이다.

농경문화의 전통에서 시작된 떡판과 찬장이 새롭게 변화된 차탁과 다완장이란 이름으로 차실의 주인공이 되었지만, 다양화 또는 변화가 필요하다. 이미 오늘날은 좌식(坐式)보다는 입식(立式)이 더

친근한 생활 방식이 되었기 때문이다. 입식의 문화생활에서 떡판은 그 수명이 다한 것이다. 물론 다른 용도로의 변화를 꾀할 수도 있지만, 이미 가치의 평가절하는 불 보듯 뻔하다.

차실의 구조나 형태의 다양화를 위한 고민은 차실 주인의 심미안과 결합된 고민이다. 그리고 이 시대 차인들의 철학과 어우러진 고민이다. 지금은 시대성, 지역성, 문화성이 멋있게 형상화된 한국 차실의 전형성에 대해 진지하게 고민해야 할 때이다.

• 붓글씨와 그림 액자

교토 고토인(高桐院)의 차실 도코노마(床の間)에 걸려있던 족자가 지금도 생생히 기억난다. 가을이 깊어갈 무렵의 고토인은 대나무 숲의 바람소리와 초록 융단의 바닥 이끼에 비치는 햇살과 간혹 들려오는 새소리에 선열(禪悅)로 가득했다.

一鳥啼山更幽일조제산갱유

'"적막을 깨뜨린 한 마리 새의 지저귐이 그치자 산은 다시 그윽한 고요에 젖어 든다."는 뜻이다. 절묘하게도 鳥(조)자의 자리에 새 한 마리가 그려져 있었다. 백 마디의 말보다도 천 잔의 차보다도 한 개의 족자가 주는 울림이 이렇게 클 수 있는가 싶어 가슴에서 한동안

솔바람이 불었다.

각설하고, 우리의 차실로 돌아와 벽면에 걸려 있는 족자나 액자들을 보자. 차실이나 주위의 분위기나 상황은 고려하지 않고, 차실 주인의 철학도 드러나지 않는 일반적 붓글씨의 액자이거나 한국화 한 폭 그것도 아니면 차 마시는 풍경을 그린 그림이다.

고요히 차를 마시며 나를 돌이켜 보고, 여럿이 모여 즐겁게 담소하는 차실에 무에 다시 차 마시는 그림이 필요할까?

척하니 걸려 있는 이건 또 어떤가?

"가화만사성(家和萬事成) 집안이 화목(和睦)하면 모든 일이 잘 된다"

"소지황금출(掃地黃金出) 땅을 쓸면 황금이 나오듯 부지런히 덕을 쌓으면 복을 받는다"

좋은 말들이긴 하나, 차실의 분위기와는 생뚱맞은 내용의 액자임은 분명하다.

명필이 아니어도 명화가 아니어도 상관없다. 그러나 본래 목적인 차실의 미적 기능에 상승효과를 주거나, 차실을 만든 주인의 철학이 간명하게 함축되어 있어야만 한다. 식당의 빛바랜 붓글씨나 시골 이용원의 풍속화 같은 유리 액자는 차실에 맞지 않다. 수준을 찾기 민망하고 차실과 무슨 상관이랴 싶은 의미 모호한 액자는 없느니만 못하다.

차실의 걸개 작품에는 주인의 철학과 심미안이 확연하게 구현되어 있어야 한다. 감동을 주고, 깨우침을 주고, 큰 울림을 주는 차실 액자나 족자에 대해 진지한 고민이 필요하다.

• 아파트 차실

오늘날 우리의 거주 공간은 개방적인 것 같으면서도 실상은 폐쇄적 구조로 이루어져 있다. 한국 주택의 절반이 넘어버린 아파트만 하더라도, 개방 공간인 거실이 있긴 하지만 실상은 폐쇄적 각방 구조로 되어 있다. 문만 닫아버리면 각각의 방들은 완벽한 단절의 공간이다. 하지만 단절은 개인주의와 이기주의를 낳을 뿐 별반 좋을 것이 없다.

여기서 우리는 참 좋은 아파트 차실에 대한 실마리를 찾을 수 있다. 폐쇄적 공간인 방에 따로 갖춘 차실을 개방된 공간인 거실로 환원시키는 일이다. 거실은 옛날 가옥 구조로 보면 대청마루와 사랑채를 겸한 기능이다. 거실은 가족 구성원끼리 얼굴을 맞대어 얘기를 나누고 또 손님을 부담 없이 대접할 수 있는 공유 공간(共有空間)이다.

가족과 대화를 나누고, 손님을 맞이한 자리에 차가 있으면 어둠 속의 한 줄기 빛처럼 분위기를 화기애애하게 한다. 차는 마음을 편안하게 하고, 몸을 안정시켜 사람과 사람을 이어주는 가교(架橋)와 같다. 그래서 생활 현장에서의 차실로는 따로 시간을 내거나 특별한 공간으로의 이동 없이 바로바로 앉아 차를 마시고 정을 나누는 공간이 최고이다.

아파트에 살면서 차회를 자주 갖는 집을 방문해 보면, 거의 예외 없이 방 한 칸을 차실로 만든 집이다. 거실에 잠시 머무르다 의

아파트 거실 서재에서의 차 한 잔.

식 치르듯 차실로 들어가는 것 자체가 부담스럽기도 할뿐더러, 폐쇄 공간이어서 여러 사람이 차 마시기는 갑갑하기도 하다. 어떨 땐 차회를 여는 아파트 주인에게 내심 묻고 싶어지기도 한다.

"가족끼리도 이 차실에 자주 모여 차를 마시나요?"

건축물과 건축물 안의 공간은 일체성의 유기적 소통과 상대성의 분할적 긴장이 동시에 존재하는 관계이다. 아파트는 의·식·주의 생활이 이루어지는 복합적 터전이면서, 단독 주택보다 생활의 편리성과 수월성 그리고 집약성의 논리 위에 지어진 집이다. 아파트가 이미 우리나라 주택의 절반을 넘어선 지 오래고 대세가 되었다. 이젠 누구도 아파트를 두고, "닭장이다, 사람 살 곳 못 된다, 건강에 안 좋다" 등의 말을 하지 않는다.

40여 년 가깝게 주택에서 살던 필자도 아파트에 깃든 지 20년이 지났다. 아파트로 이사하면서 방 한 칸은 서재로, 거실은 차실로 꾸몄다. 물론 몇 번의 이사에도 다르지 않았다. 아파트의 거실 한쪽을 차 마시는 공간으로 만들면, 이런저런 차회가 늘 펼쳐지기 마련이다. 가족 4명이 모이면 4인 차실, 혼자서 마시면 1인 차실, 어쩌다 지인들과 차를 마시면 사랑방 차실로 거실은 순간에 무한 변신한다.

건강을 생각하며 차를 마시고, 타인과의 관계성을 생각하며 차를 마시는 오늘날의 차 생활로 볼 때, 아파트 구조에서도 차실은 꼭 필요하다. 우리의 생활이 점점 자기중심·가족 중심으로만 변해 가는데, 그 중심에 아파트가 있다. 건강한 사회를 위해서는 분명 개선을 위한 노력이 필요하다. 아파트 차실. 아파트 건축 단계에서부터 고민해야 할 일이지만, 입주자인 차 애호가의 어려운 숙제이기도 하다.

• 차와 차도구의 공간 배치

한 예닐곱 평 남짓 되는 차실을 방문한 적 있다. 오랫동안 차회를 이끌면서 차 강의를 하신 어느 선생님 댁이라 큰 기대와 두근대는 설렘이 적지 않았다.

"선생님의 차실은 어떤 모습일까? 당신의 단아한 모습처럼 격조(格調)가 뭔지를 증명하시겠지!"

여기저기 놓인 알록달록 야생화와 올망졸망 소품에 심겨진 앙증맞은 식물, 차도구의 사이사이에 놓인 생명감이 마음을 확 잡아끌었다. 하지만 딱 거기까지만이었다. 철학적 사유를 가능하게 하는 차실 공간이 아니었다. 또한 어떤 심미적 특출성도 드러나지 않았다. 다만 공간 활용도가 높은 개인 소장 차도구 전시장 같다고나 할까! 사방을 빙 둘러 전시해 놓은 차와 많고도 다양한 차도구에 눌려, 권하는 차가 식도를 타고 그냥 넘어갔다. 쓰디쓴 자극을 남기며…. 게다가 벽에 걸린 몇 점의 의미 없는 서화·서각은 눈길 주기조차도 아까워 차라리 눈감고 싶었다. "물질이 범람하는 시대엔, 차 한 잔의 여유와 사색까지도 갖추고 늘어놓은 차도구에 비례하는 거야!"라고 강변하는 것 같았다.

瓷甌茶乳白자구차유백	오지사발에 차 거품은 곱고 희게 피어나고
榧机篆烟香비궤전연향	비자나무 책상에 하늘거리는 연기는 향기롭네
雨歇山堂靜우헐산당정	비 그쳐 산 속의 집은 고요하기만 한데
臨軒快晚涼임헌쾌만량	난간으로 나가니 저녁의 서늘함이 상쾌하구나.

「다게(茶偈)」라는 원감국사의 시이다. 꾸미지 않고 살아가는 산속 절집의 간소한 차 생활이 아주 잘 드러나 있다. 찻상으로 겸용되

는 책상 위에 놓인 일완(一碗)의 차. 차로 인해 시각과 후각은 이미 충만한데, 밖으로 나가 온몸으로 느끼는 비 갠 산속의 저녁 공기까지. 따로 정갈하게 구조화하여 갖추어 놓은 일본의 전통 차실보다 훨씬 소박하고 자연스러운 차실이다. 책도 읽고 생활도 하는 일상적 공간이 차실로 활용된다. 차 생활이 결코 번다한 것이 아니며, 차 생활공간도 전혀 번잡하지 않음을 알 수 있다. 다만, 내밀한 고요와 정밀한 관찰, 명징한 정신만이 있을 뿐이다. 차 마시는 공간에 사색과 여유, 명상과 고요가 산소처럼 가득하다. 또한 거기에는 전통과 격조, 겸양과 절제가 햇살처럼 존재한다.

만약 이 산방(山房)에 수많은 차와 차도구가 펼쳐져 있으면, 정신은 산란하고 생활은 복잡해질 것이다. 텅 비움으로써 오히려 충만해 진 공간이 산속 차실의 아름다움을 구현하고 있다.

차실은 거주 공간의 특성과 사용 목적을 정확하게 파악하고 설정한 뒤에 꾸며져야 한다. 도서 열람실의 책처럼 가지가지의 차나 차도구가 빠짐없이 노출 제시되는 것은 바람직하지 않다. 용도와 기능이 다른 도구의 작위적·허세적 제시는 차실 주인의 철학 부재 때문이다. 적당하게 갖추고 온당하게 배치하자. 제자리를 찾아 턱하니 자리한 차도구는 생활의 보물이다. 그 차도구로 공간이 안정되고 마음까지도 평안해진다.

차는 차실의 꽃술이고 차도구는 차실의 꽃봉오리다. 무더기 꽃밭에서는 감탄만 있을 뿐 진정한 감상과 음미가 없다. 제각기의 아름다움을 가진 꽃이 적당한 자리에 온당하게 피어나야 한다. 만약 차실을 보여 준 선생님처럼 갖춘 차도구가 넘쳐 난다면, 계절마다 피는 꽃이 다르듯이 때에 따라 감추고 드러내는 변화를 주는 것이 좋을 것이다. 차와 차도구의 소장과 배치도 결국 차실 주인의 심미적, 철학적 결과물임을 명심해야 한다.

• 1가구 1차실을 위한 차실의 지향성

공간을 채우는 건축과 건축물 안의 공간은 일체성의 유기적 소통과 상대성의 분할적 긴장이 동시에 존재하는 관계임을 이미 밝혔다. 이는 공간과 건축이 소통과 긴장의 관계를 적절히 유지하면서도 융화되어야 함을 말하는 것이다.

전통 가옥의 '대청마루'나 아파트의 '거실'은 생활 건축물 안에 존재하는 소통과 분할의 핵심적 공간이다. 방이라는 폐쇄성의 공간을 분리해 주면서도 이어줄 뿐 아니라, 전체의 조화가 이루어지는 광장과 같은 곳이다.

현대 주택에 만들어지는 차실은 바로 이런 소통과 긴장이 동시에 존재하는 공간이어야 한다. 그러기 위해서는 말 그대로 법고창신(法古創新)이 필요하다. 차회(茶會)나 주회(酒會)의 공간으로 활용되었던 사랑채나 별서(別墅)가 평범한 사람들과 현대 가옥에선 따로 없기 때문이다. 사회 구조상 이미 건축된 공간 안에서 새롭게 구현해 내어야 한다.

하지만 결코 안이하게 생각할 일이 아님은 현실과 직면해보면 분명해진다. 먼저, 차실을 하나의 독립된 공간으로 만든다고 생각하자. 우선 큰 평수의 주거 공간이 필요하고, 갖추어야 할 차와 차도구와 구성 소품이 적지 않다. 쉬이 누구나가 할 수 있는 일은 아니다. 또 거실 차실은 어떤가? 거실의 큼직한 소파와 TV는 가족 구성원 전체의 향유물이다. 소파를 치워버리면 좌식 생활이 되어 생활이 불편해질 수 있고, TV를 치워버리면 방마다 설치해야 될지도 모른다. 그렇다고 주방의 식탁 형식을 그대로 거실에 옮겨 올 수도 없는 일이다.

궁리는 방법을 낳는 법. 여기에서 우리는 1가구 1차실을 위한 현대 차실이 지향해야 할 퍼즐을 애써 맞출 수 있다. 비움과 드러냄, 조화와 긴장의 접점이 형상화된 차실이다. 예를 들어, 책장의 일부분을 차장(茶欌)으로, 또 책상을 차상(茶床)으로도 활용하는 '서재 차실'을 생각해 보자. 책과 차, 독서와 차 마시기는 아주 좋은 궁합이다. 약간의 차와 차도구는 책과 책장 사이사이에서 겉도는 듯 하면서도 눈길을 잡는 소품처럼 보일 것이다. 분위기 또한 나쁘지 않으며, 문방사우(文房四友)를 늘 가까이했던 옛 차인들의 풍치를 느낄 수도 있다.

조그만 차탁과 거실의 소파를 활용한 입식 차실로서의 '거실 차실'은 또 어떤가? TV나 에어컨 등이 거실에 있어도 상관없다. 차 생활이 일상이 되기에는 이보다 더 좋은 차실 공간은 없을 것이다. 다만, 어수선할 수도 있는 분위기를 안정시키기 위해서는 잡다한 소품의 노출을 삼가야 한다. 몇 점의 차나 차도구만을 가지고도 충분히 훌륭한 차실이 될 수 있다. 차 한 잔의 여유를 느낄 수 있도록, 찻상이 놓이는 곳의 심리적 밀도가 중요할 뿐이다. 너무 의도화·격식화한 차실에는 생기가 없고, 갖가지 차도구로 멋지게 꾸며진 차실에는 소소함이 없다. 생활의 물품과 차와 차도구가 적절한 긴장과 조화를 이룬 곳이 가장 실용적이고 합리적인 현대 차실이다.

물론 부엌의 식탁을 그대로 활용한 '부엌 차실'도 나쁘지 않을 것이다. 여러 가지 주방 기기들이 어수선할 수도 있지만, 깔끔하게 정리한 뒤에 소품 한 두어 점 배치하고 차와 차도구만 준비하면 된다. 식사와 설거지 뒤의 휴식 시간. 잔잔한 음악을 들으며 기울이는 차 한 잔의 여유와 사색. '부엌 차실'은 이 시대 주부 차인이 누려야 할 특권 공간이다.

그렇지만 이처럼 일상적 공간을 차실로 만들 경우에도 원칙과 유의할 점은 있다. 차 마시는 공간을 단순화시켜 심리적 평안을 깨트리지 않도록 해야 한다는 것이다. 일상적 전시물과 차도구의 조화로운 배치가 쉬운 일은 아니지만, 차실로서의 독립성과 안온함이 무엇보다 중요하다.

지금은 차를 즐겨 마시는 모두가 분할과 소통을 위한 차실의 구조화에 좀 더 고민해야 한다. 앞으로의 차생활은 좌식에서 입식으로 자동 이동될 것이다. 이미 입식이 대세가 된 부엌처럼, 생활문화 전반이 입식 공간을 바탕에 깔고 형성되리란 것이 쉽게 예견

별서 차실(別墅茶室) 죽영당(竹詠堂).

된다. 1가구 1차실을 위해서는, 좌식과 입식의 일상 문화가 뒤섞인 교차점의 이 시대에, 새로운 차실 공간에 대한 연구가 선행되어야 한다.

차실은 일상이 이루어지는 공간이며, 사색과 여유가 있는 공간이고, 철학이 있는 공간이다. 차실에서 여럿이 둘러앉아 차 한 잔 기울이는 것은, 현대 사회에서의 이유 있는 아름다운 일탈이며 재미있고 행복한 생활 놀이이다. 사회는 톱니바퀴처럼 한 치 틀림없이 맞물려 돌아가고, '우리'보다는 '나'라는 개인주의가 무엇보다 우선이 되는 시대. 긴장과 소통이 조화롭게 공존하는 차실 공간이 우리 모두에게 필요하다. 바로 이 순간, 지금.

한국차 분류론(韓國茶分類論)

사람들과 어울려 차를 마시면서 자주 듣게 되는 말이 있다.

"죽을 때까지 이런저런 차를 마셔도 결국은 다 마시지 못한다는데, 대체 차의 종류가 몇 가지 쯤 됩니까?"

"반발효차(半醱酵茶)니, 숙차(熟茶)니, 흑차(黑茶)니 하며, 이것저것 줘서 차를 마셨는데 도대체 그런 차가 뭐예요?"

참 간단치 않은 질문이다. 조용하면서도 즐거운 찻자리에서 용어를 써가며 가타부타 설명하기도 그렇다.

"우리가 그 많은 차의 종류나 이름을 알 필요가 있을까요? 차는 그냥 마시면 될 뿐이라고 생각되는데......"

그렇다고 이같이 말했다가는 질문한 사람을 무시한 처사가 되거나, 차에 대한 문외한(門外漢)의 취급을 받는다.

그와 같은 질문을 한 사람은, 분명 차 전문가 행세를 하며 무슨 무용담처럼 차 얘기를 줄줄 읊은 사람에게서 들었거나, 방문한 집의 많은 차를 보고 생긴 의문 때문일 것이 분명하기에.

간혹은 차의 종류에 대해서 말을 하지만, 분류(分類)의 기준이 명확하지 않으면 중언부언(重言復言) 되고, 설령 기준을 가지고 하더라도 몇 가지의 분류 방식으로 교차하여 설명해야만 한다. 그나마 조금 간단명료하게 말을 마치려면, 우리 전통차에 대한 의문인지? 중국차를 염두에 둔 의문인지? 먼저 알고 접근하는 것이다. 질문하는 사람이 차에 대한 일관된 의문을 가지고 통일성 있게 접근하는 경우는 실상 드물다. 어디서 보고 들은 얘기의 확인 차원이거나 단순 의문에서 출발한 질문이 태반이다.

갖가지의 차가 쓰나미처럼 밀려드는 현실에서, 분류법에 따른 차의 종류, 차의 종류에 따른 차의 이름에 대하여 간단히 살펴보는 것도 필요한 일이라 생각된다.

• 분류(分類)에 대한 일반적 이해

분류는 유개념의 특정한 특징을 기준으로 분석하여 종개념으로 조직화하는 것을 의미한다. 어떤 대상을 유별로 나누어 배열하고, 그럼에도 차이가 있을 때에는 공통성에 따라 세분화하고 개체의 종개념까지 조직화하는 것이다.

분류를 할 때에는 합목적성을 지녀야 하며, 망라성(網羅性)과 일관성이 준수되어야 한다. 뿐만 아니라 구분지(區分肢, 어떤 개념에 속해 있으면서 서로 다른 개념들)가 명확하고, 상호독립적이어야 하며, 부분적 종차(種差, 한 유개념 속의 어떤 종개념이 다른 종개념과 구별되는 요소)도 명확해야 한다. 거기다가 각 단계상의 순서를 정확하게 지키면서 점진적이어야 한다. 유사 대상이나 사물을 계층화하여 가르거나 모아서 부류화하는 방식을 말한다. 정확한 분류를 위해서는 일정한 의미상의 관련성을 가진 것들을 모아야 하고, 명확한 기준의 일관성과 통일성이 있어야 한다.

우리가 어떤 대상을 분류화하는 이유는 몇 가지가 된다. 먼저 그냥 보면 막연해 보이던 것이 분류로 체계화하면 분명하게 파악된다. 다음으로 전체를 빠짐없이 살펴볼 수 있다. 또, 대상의 총체를 쉽게 자세히 살펴볼 수 있고 설명하기도 쉽다. 마지막으로 순서를 정해서 학습하거나 지도하기 쉬우며 관련 계통의 업무에 효율적이다.

차의 세계도 예외가 아니다. 정확하고 일관된 관점에서 계통에 따라 분류하면 어렵게 느껴지는 차의 특징과 유형도 쉽게 정리되고 이해된다.

• 한국차의 분류(分類)에 대한 접근

한국 전통 녹차의 일반적 분류에 따른 명칭으로 우전(雨前), 세작(細雀), 중작(中雀), 대작(大雀)이 있는데, 이는 정확한 분류법에 따른 것이 아니다. 종차의 정확성이 결여된 것이다. 우전(雨前)이라는 이름에는 곡우 이전(穀雨以前)에 딴 찻잎으로 만든 차란 의미가 내포되어 있는데, 잎의 크기로 비유된 세·중·대작(細·中·大雀)과 그 의미망이 다르기 때문이다. 물론 세(細)·중(中)·대(大)도 의미망이 일치하지 않는다. 하여 근래에는 첫물차, 두물차, 세물차 또는 끝물차라고 명명하기도 하지만, 참 고민스러운 일이기도 하다. 발효 정도에 따라, 만든 방식에 따라, 만든 시기에 따라, 찻잎 크기에 따라, 채엽 순서에 따라, 찻잎 형태에 따라, 어떻게 통일성과 합리성을 바탕으로 명확하게 분류할 것인가? 명확하게 분류되어야만 공통된 표기의 제품이 만들어질 수 있으며, 분류된 차에 따라 각기 다른 품평도 객관성을 띠며 할 수 있다.

〈표 1〉 일반적인 한국차의 분류법

<table>
<tr><th>분류기준</th><th>발효정도</th><th>만든 방식</th><th>만든 시기</th><th>찻잎 크기</th><th>채엽 순서</th><th>형태 방식</th></tr>
<tr><td rowspan="12">발효유무</td><td rowspan="7">불발효차</td><td rowspan="3">덖음 녹차</td><td>우전차</td><td>세작</td><td>첫물차</td><td rowspan="6">잎차</td></tr>
<tr><td rowspan="2">우후차</td><td>중작</td><td>두물차</td></tr>
<tr><td>대작</td><td>세물차
(끝물차)</td></tr>
<tr><td rowspan="3">찐 녹차</td><td>우전차</td><td>세작</td><td>첫물차</td></tr>
<tr><td rowspan="2">우후차</td><td>중작</td><td>두물차</td></tr>
<tr><td>대작</td><td>세물차</td></tr>
<tr><td>말차</td><td colspan="3"></td><td>가루차</td></tr>
<tr><td rowspan="5">발효차</td><td>백차형 발효차</td><td colspan="3" rowspan="4">현재 구분 없이 혼용</td><td rowspan="4">잎차</td></tr>
<tr><td>황차형 발효차</td></tr>
<tr><td>홍차형 발효차</td></tr>
<tr><td>청차형 발효차</td></tr>
<tr><td>돈차</td><td colspan="3">현재 구분 없음</td><td>덩이차</td></tr>
</table>

다양한 우리의 전통차를 마신 사람들은, 이 〈표 1〉의 분류 아래에 수많은 이름의 지역별·농가별 차가 있음을 알 수 있을 것이다. 하지만 이 분류도 완벽하지 않음은 두말할 필요가 없다. 하루라도 빨리 우리 차가 정확하고도 명확하게 분류되어야 한다. 그런 다음에라야 우리 차의 특질을 내세울 수도 있고, 동일 제품군의 균질화도 이룰 수 있다.

우리의 차도 이제 학문의 세계에 발을 내디딘 상태다. 대학에도 차 관련 학과가 있으니 더 말해 뭐 하겠는가? 차문정로(茶門正路)는 단체나 차인의 외연 넓히기에 있지 않다. 무엇이 기본이며 본질인가를 고민하며 바로바로 그 길을 찾아 나아가는 데 있다. 우리 차의 정확한 분류를 바탕으로 동일 분류군의 고품질 차가 제품화할 수 있도록 해야 한다.

• 중국차의 분류(分類)에 대한 접근

중국차를 마시다 보면 6대 차류(六大茶類)에 대해 듣게 되는 경우가 많다. 그것뿐인가? 요즘은 차 좀 마신다는 사람들은 한술 더 떠서 보이차가 흑차에서 분리되어 7대 차류가 될 것이라느니, 좀 더 세분화되어 10대 차류(十大茶類)로 분류가 이루어 질 것이라느니, 얼토당토않은 말들을 한다. 분류법의 기준도 모르면서 말들을 해대는 꼴이 가관이다.

중국에서의 6대 차류 분류법은 안휘대학(安徽大學) 교수였던 진연(陣椽) 교수에 의해 이루어졌다. 그는 차를 분류하면서 "차의 이상적 분류 방법은 반드시 2가지의 요소를 갖추어야 한다. 하나는 품질 체계이고 다른 하나는 제다 방식 체계이다. 이를 근거로 초제 가공 방식에 따라 전통적으로 6대 차류로 분류된다."고 했다.

현재 중국의 차 분류는, 제다 방식과 발효도, 색상 등의 특성을 바탕으로 한 6대 기본 차류와 재가공 차류로 되어 있다. 표로 정리하면 다음과 같다.

〈표 2〉 일반적인 중국차의 분류법

<table>
<tr><td rowspan="6">기본
차류</td><td>불발효차</td><td colspan="3">녹차</td><td>10% 이하</td><td>살청-유념-건조</td><td rowspan="6">제다
방식
·
발효
·
색상</td></tr>
<tr><td rowspan="5">발효차</td><td rowspan="3">선
발효차</td><td>약발효</td><td>백차</td><td>5~15 %</td><td>위조-건조</td></tr>
<tr><td>반발효</td><td>청차</td><td>15~70%</td><td>위조-주청-살청-유념-건조</td></tr>
<tr><td>완전발효</td><td>홍차</td><td>70~95%</td><td>위조-유념-발효-건조</td></tr>
<tr><td rowspan="2">후
발효차</td><td colspan="2">황차</td><td>15~25%</td><td>살청-유념-민황-건조</td></tr>
<tr><td colspan="2">흑차</td><td>80~98%</td><td>살청-유념-퇴적발효-건조</td></tr>
<tr><td rowspan="5">재가공
차류</td><td colspan="4">화차</td><td colspan="2">차 + 꽃향기, 꽃</td><td rowspan="5">가공
방식</td></tr>
<tr><td colspan="4">췌취차</td><td colspan="2">차 원액 활용 음료</td></tr>
<tr><td colspan="4">과미차</td><td colspan="2">차 + 과일향, 과일즙 첨가차</td></tr>
<tr><td colspan="4">약용보건차</td><td colspan="2">차 + 한약재, 건강식품 혼합차</td></tr>
<tr><td colspan="4">긴압차</td><td colspan="2">찻잎 응축 덩어리차</td></tr>
</table>

〈표 2〉를 보면, 요즘 흔히들 6대 차류에서 보이차를 독립시켜 하나의 차류로 보아야 한다는 말은 분류법을 몰라서 한 어리석은

매월당의 찻잎 쇄청 과정. ©박홍관

추론의 결과임을 알 수 있다.

실제로 보이차의 분류에 대한 문제 제기는 운남대학(雲南大學) 채신(蔡新) 교수의 「다시 결정해야 하는 보이차의 분류 지위」라는 세미나 발표 소논문에서 시작된다. 그의 주장을 요약하면 다음과 같다.

"보이차와 흑차는 다르다. 흑차는 '살청-초유(1차 유념)-악퇴-복유(반복 유념)-건조'로 이루어지고, 보이숙차는 살청-유념-쇄청 건조-악퇴-건조'의 과정을 거친다. 보이차는 쇄청 모차의 완성된 차품을 다시 악퇴시켜 만들기에 흑차의 제조 방식과는 다르다. 결국 보이차는 완성된 기본 차류를 특수한 재가공 방식을 통하여 만들어지기에 재가공차로 보아야 한다."

보이숙차를 두고 한 말이다. 하지만 이 주장은 분류에 더 큰 문제를 일으킬 뿐이다. 보이생차의 경우는 흑차의 제조 공정과 달리, 악퇴 과정이 아예 빠져 완성된 잎 녹차이거나 덩이 녹차이다. 이것이 오랜 기간의 유통·저장 과정을 거치면서 후발효가 이루어져, 종차 개념을 완벽하게 충족시키지는 못하더라도 흑차 지위를 받게 된다. 이렇게 본다면, 보이차를 재가공차로 볼 수도 없다.

그리고 보이차는 6대 차류의 다른 이름과 달리, 색상의 개념을 지니고 있는 말이 아니다. 분류법의 종개념을 만족시키지 못해, 동일 분류 개념에 부합하지 못한 단일 특정 항목의 차일 뿐이라는 뜻이다.

그런데 왜 요즘 우리 차계(茶界)에서 "보이차를 독립시켜 7대 차류로 분류한다."는 말이 공공연히 회자(膾炙) 되는 지 참 의문이다. 명확하지도 않은 얘기를 확대재생산 해내는 우리 차계의 현주소는 빨리 정리되어야 한다. 차인들은 과학성·합리성·객관성에 기인한 비평적 사고 기능을 늘 지니면서 현실이나 대상을 바라보아야 할 것이다. 맹목적인 행동이나 사고 또는 합리성이 결여된 믿음은 내던져야 할 우리 스스로의 병폐이다.

기본 6대 차류 분류법이 현재 중국차의 특징을 가장 잘 드러내는 것이지만, 오늘날 6대 차류는 중국의 전유물만이 아니다. 요즘은 우리나라의 차 농가에서도 6대 차류를 갖가지의 방식과 이름으로 만들어 내고 있다. 비록 중국 차 학계가 차 분류의 중심에 서 있지만, 우리도 강 건너 불구경하듯이 손 놓고 있어서는 안 된다. 그러기 위해서는 우리의 차 농가와 차 학계 그리고 차인들이 삼위일체가 되어 노력해야 한다. 농가는 다양한 고품질의 6대 차류를 만들어야 하고, 차 학계는 차 분류학의 세계로 한발 더 나아가 중국과 대등한 입장이 되어야 하며, 차인들은 깊이 있는 과학적·합리적 사고와 교육을 통하여 차계의 발전에 묵묵히 일조해야 한다.

차의 분류는 개별 나라의 한정성에 머물러서는 안 되는 중요한 장르이다. 차의 분류에 차를 생산하는 모든 국가의 특성이 포괄되어야 한다. 아직은 우리가 차의 변방처럼 인식이 되어 있어, 세계 차학계에서 주도적 역할을 못 하고 있다. 하지만 망설이거나 뜸 들이지 말고 서둘러서 세계 차 학계의 중심에 우리가 서야 한다. 앞으로는 중국차의 현실만 반영된 차의 분류가 되지 않도록 또 우리의 차가 가진 특성이 충분히 반영될 수 있도록 늘 논의의 핵심장에 서 있어야 한다.

김필곤 시인이 쓴 「나는야 청록차 따고」라는 시조를 가만히 읊조리며 이 답답한 글을 마무리 짓는다.

어제는 산작약 피고
오늘은 또 모란이 피고

비비새 휘파람새도
때죽나무에 와서 운다

아내는 산나물 캐고
나는야 청록차 따고,

돌돌돌 석간수로
마른 목도 좀 축이고

찔레 꺾고 송기 꺾어
시장기도 달래면서

보랏빛 산노을 걸치고
내가 나를 웃어 보네.

현대 사회에서의 다도(茶道)와 선차(禪茶)의 지향점에 대한 소고

• 들어가는 말

오늘날 다선일미(茶禪一味)나 선다일여(禪茶一如)라는 말이 그 본질적 의미를 잃은 채, 차(茶)[1] 마시는 자리에서 예사롭게 사용되고 있다. 이는 차를 단순한 음료로서 접근하기보다는 철학적이고 정신적 산물로 보고 있다는 뜻이다. 우리가 일상적으로 말하는 다도(茶道)라는 말도 차(茶)를 도(道)와 직결시키려고 하는 의도에서 탄생된 것이다.

차를 마시며 많은 사람들이 도(道)와 선(禪)을 얘기하는 것은, 차 생활에 수반되는 정신수양의 효과가 적지 않고, 차 생활을 통하여 심신의 조화로운 안정을 이룰 수 있음을 느끼기 때문이다.

다도(茶道)나 선차(禪茶)라는 말은, 원래 일상적 행위로서의 차 음료 섭취 너머에 있는 정신문화적 가치성에 주목한 언어이다. 다도나 선차는 차를 마시는 일상 속(恒茶飯事)에서 깨달음으로 나아가는

1 이 글에서는 '茶' 글자의 음독을 일반적으로 사용하고 있는 '차'와 '다'로 혼용하여 쓴다.

선불교의 사상이 내재되어 있는 정신문화적 세계의 산물이다.

물질적 풍요 속에서 웰빙(well-being)이나 힐링(healing)은 이제 현대인의 삶의 과정이 아닌 목표처럼 변질되고 있다. 이는 이 시대가 안고 있는 문제를 차(茶)와 선(禪)을 통하여 일정 부분 극복할 부분이 있음을 역설적으로 보여주는 방증(傍證)이다.

물질적으로 훨씬 풍요로워졌음에도 현대의 우리들은 오히려 정신의 박약이나 내적 심리의 공허함을 더 느끼고 있다. 농경 중심의 사회가 급격히 무너지고 무한 경쟁의 산업 체제로 완전히 전환되면서 우리의 고유한 정신 체계를 제대로 확립하지 못한 결과이다.

사회학자 에리히 프롬(Erich Fromm, 1900~1980)은 그의 저서『자유로부터의 도피』에서 현대인은 병적인 상태로 살아간다고 보았다. 현대 사회의 구조적 특징 때문에 자신이 원하는 삶을 자유 의지대로 살 수 없어서 극심한 불안을 느끼며, 그 결과 자아를 부정하게 되고, 결국에는 인간 소외에까지 이르게 된다는 것이다.

차와 도(茶道), 차와 선(禪茶), 차와 명상(茶瞑想)은 이와 같은 현대 사회의 문제점을 극복할 수 있는 대안으로서의 기능을 일정 부분 담당할 수 있다.

박미경은「차명상이 아동의 정서 및 행동과 사회성에 미치는 효과에 관한 연구」에서 차와 연계한 명상 프로그램으로 정서 문제인 불안, 우울과 행동 문제인 과잉 행동, 비행성 공격성 그리고 사회성 문제인 부정적 사회성이 집단 내에서 감소됨을 제시하면서, "차와 관련한 명상 프로그램은 정서 및 행동과 사회성에 크게 영향을 미친다"고 했다.

공귀옥은 "차생활 형태는 인식력 향상 훈련·오감 훈련·이완 훈련으로 구성되고, 자아 성취감과 정서적 이완을 촉진한다"고 「차생활이 청소년의 심리 변화에 미치는 영향」에서 밝혔다.

차와 연계한 프로그램이 현대 사회의 다양한 문제들을 극복해 나가는데 여러 분야에서 도움을 줄 수 있음을 보여주는 연구들이다.

지금은 어느 때보다도 차와 관련지어 관성적으로 교육해 왔던, 차와 도(茶道), 차와 선(禪茶), 차와 명상(茶瞑想) 등의 관계를 올바르게 파악하고, 앞으로 나아가야 할 지향점을 찾아야 하는 중요한 시점이다.

• 다도(茶道)와 선차(禅茶)의 관계 정립

1. 전통적 다도와 선차의 관계

다도는 원래 선불교의 정신과 사상을 토대로 형성된 정신생활 문화였다. 시간과 공간을 초월하여, 신분이나 직업의 고하귀천을 떠나, 가정생활이나 일상적인 삶에서 차를 마시며 정신을 고양하는 자기 개발과 자아 확장을 다도를 통하여 이룰 수 있었다.

선차는 차를 마시는 일상생활 속에서 깨달음의 세계로 나아가는 본성 자각의 문화생활이다. 선의 세계에서 차 마시는 행위인

'끽다거(喫茶去)'는 철저한 깨달음의 생활을 본인이 직접 체험하도록 하는 자각적인 선차(禪茶) 활동 그 자체이다. 차를 마시는 일상을 통하여 평상심을 유지하면서, 평안하고 안정된 심리를 견지해 나가는 지혜로운 삶의 과정인 것이다. 다도는 이러한 선불교의 정신적 토대 위에 형성된 생활문화이다. 시간과 공간을 초월하여 신분이나 직업의 지위고하를 가리지 않고, 모든 사람들의 가정생활과 일상적인 삶에서 깨달음의 세계를 지향한다.

이렇듯 원래 다도의 세계가 추구하는 것과 선차의 세계가 추구하는 것이 그 근본이 같았다. 우리가 일반적으로 말하는 도의 세계와 선의 세계가 대립항적(対立項的)인 관계가 아니듯이, 다도와 선차가 오랫동안 같은 개념이었다. 하지만 다도가 점차 차를 마실 때의 공간·기물·행위·마음가짐 등등으로 정형화되면서 다른 개념으로 인식된 것이다. 그 대표적인 것이 일본의 다도라 볼 수 있다.

일본의 다도 역사는 일본에 차가 전래된 헤이안 시대(平安時代, 794~1185년)로 거슬러 올라갈 수 있지만, 실제 차가 유행한 것은 무로마치 시대(室町時代, 1336~1573년) 후기에 이르러 선종의 영향에 의해서이다. 일본 다도는 무라타 쥬코(村田珠光,1422~1502)[2]의 다선일미(茶禪一味), 다케노 조오(武野紹鷗, 1502~1555)[3]의 작은 차실 속에서의 마음의 수양에 중점을 둔 일기일회(一期一會)에 의해 다도 윤리가 생겨났다.

2 무로마치(室町) 시대의 다도 스승(茶湯者). 선미(禪味)를 더한 점다법(点茶法)을 시작. 와비차(侘茶)의 시조라고 불린다.

3 가인(歌人). 다도를 예술적인 경지로까지 승화시킴.

도요토미 히데요시의 다도를 관장하는 책임자가 된 센리큐(千利休, 1522~1591)[4]에 이르러, 각지의 다도 예술을 통합한 다도가 완성되었다. 이들이 차를 달여서 마시는 여러 가지 규칙을 정하고, 이 규칙에 따라 차를 즐기는 일이 다도가 된 것이다.

물론 불교의 선과 의식을 차의 정신세계와 의식에 응용하여 다도가 완성된 것이지만, 선의 격외논리적(格外論理的) 가풍과는 다르게 일본의 다도가 형성된 것은 분명하다. 일본의 다도는 엄격하고도 다양한 격식과 절차의 숙지, 이를 뒷받침하는 세련된 미의식의 이해가 전제되어야만 가능하다. 결국 일본의 다도는 정신적 수양과 탐미적 활동이 결합된 양식이다.

이와 조금 다르게 선차는 선원을 중심으로 형성되었으며 간단(間斷)없이 지속되었다. 그 근거로는 선원의 청규에 남아 있다. 훗날 간행되는 모든 청규의 근본이 되는 선원 청규의 최초 문집은 백장청규(百丈淸規)[5]인데, 아쉽게도 그 원본은 전하지 않는다. 백장회해(百丈懷海) 선사의 '하루 일하지 않으면 하루 먹지 않는다'라는 일일부작 일일불식(一日不作一日不食)은 인구(人口)에 회자되는 유명한 구절이다.

현재 전하는 대표적인 선원청규로는 자각종색(慈覺宗賾) 선사의

---

4 일본 센고쿠(戰國)시대 다도(茶道)의 대성자. 다케노 조오(武野紹鷗)에게 사사. 일본 차계의 다조(茶祖). 화경청적(和敬淸寂)의 정신을 강조하여 차 마시는 것을 일본을 대표하는 문화로서의 다도로 확립

5 백장회해 지음. 뒤에 간행된 「칙수백장청규」와 구분지어 「백장고청규」라고도 한다.

「선원청규」[6]와 「칙수백장청규(勅修百丈淸規)」[7]이다. 「백장청규」가 변용되기는 하였으나, 당·송·원·명·청을 거쳐 우리나라에 이르기까지 천 년을 넘게 내려오면서, 종파는 다르더라도 모든 선문(禪門)이 의거하는 선원규범(禪院規範)의 모태가 된 것만은 분명하다.

「선원청규」를 살펴보면 선차와 관련된 차생활이 10여 군데에 기술되어 있다.

1. 부다탕(赴茶湯) - 차를 마시는 자리에 임하는 법
2. 당두전점(堂頭煎點) - 주지의 전다를 점하는 다례 의식
3. 승당내전점(僧堂內煎點) - 승당 내의 다례의식
4. 지사두수전점(知事頭首煎點) - 지사와 두수의 다례 의식
5. 중중특위전점(衆中特爲煎點) - 사중의 다례 의식
6. 입료랍차전점(入寮蠟次煎點) - 대중의 랍차에 의한 다례 의식
7. 중중특위존장전점(衆中特爲尊長煎點) - 특별한 존장을 위한 다례 의식
8. 법권급입실제자특위당두전점(法眷及入室弟子特爲堂頭煎點) - 당두화상을 특위한 법권 입실 제자의 다례 의식

---

6 생몰연대 미상. 송대 하남성 출신, 법운법수 선사를 은사로 득도, 장로응부의 법을 이음. 홍제선원의 주지 재임 때, 백장선사의 「고청규(古淸規)」사상을 부흥재휘하고자 널리 당시의 총림고찰을 역방하며 행법각식의 자료를 수집하고 참고하여 숭녕 2년(1103년) 진정부 홍제선원에서 청규 10권을 찬술함. 중국 및 한국, 일본의 선림에서 찬술된 청규의 연원이 됨.

7 원통지원 간(1333~1340)에 백장산의 주지 동양 덕휘 선사께서 당시의 천자인 순제의 칙령을 받들어 편집한 것을 다시 칙명을 받들어 집도사의 주지인 소은대소 선사 등이 교정을 가해서 천하의 선림에 널리 반포한 것.

9. 통중전점소향법(通衆煎點燒香法) - 각기의 당우에서 특별히 행하는 다례 의식

10. 사다(謝茶) - 차를 사례함

「칙수백장청규(勅修百丈淸規)」에도 주지장(住持章), 양서장(兩序章), 대중장(大衆章), 절랍장(節臘章)의 여러 군데에 선원에서의 차생활에 대해 기술되어 있다.

이로 보아 결국 선차는 선원을 중심으로 형성되었으며, 후대로 내려오면서 격의 없는 차 생활 속의 정신적 깨달음을 추구하는 선가의 정신적 수행의 매개로 활용되었음을 알 수 있다.

2. 현대 선차의 개념 확장의 필요성

협의의 선(禪)은 중국의 선종에서 발달시킨 조사선(祖師禪)의 수행법이며, 광의로는 위빠사나를 비롯해 생사를 해탈하기 위한 모든 불교적 수행법이나 명상법을 통칭한다.

협의로든 광의로든 선을 차와 결합하여 수행하는 것은, 현대인들이 선보다는 차와의 접근과 접촉이 수월하기에 아주 적합한 오늘날의 정신 수행법이라 볼 수 있다.

앞에서 살펴보았지만, 수행의 원리와 의의는 시대적인 상황이나 사회 환경에 맞도록 점차 변용의 과정을 거친다. 적재적소에 다양하게 활용될 수 있도록 확장 가능한 논리 구조로 재편되어지는 것이다.

차를 통한 선 수행의 목적도 궁극적으로는 해탈이지만, 현실적으로 수행을 필요로 하는 많은 사람들에게 근기에 맞는 목적과 또 그에 적합한 차원의 수행 방식이 제시되어야만 한다.

편협하게 전통적 수행 방식만 고집하면, 현대인의 다양한 관심 영역을 차단하는 결과를 가져오게 된다. 이는 수행의 세계에 들어와야 할 많은 사람을 오히려 차단하는 일이 될뿐더러, 이 시대에 소용되는 수행 체계를 세우는 데도 방해가 된다.

이제는 선차의 개념도 전통적인 방식뿐 아니라 현대인들의 관심사와 시대적 특징을 살려 확장해야 할 필요가 있다. 선차 수행의 차원을 기존의 선 수행뿐만 아니라, 정신적 계발과 관련된 여러 명상도 차와 연계된다면 선차의 개념에서 수용해야 한다. 위빠사나 차 명상이나 초월 차 명상 등으로 좀 더 다양한 차원에서의 접근도 필요하다. 현대인들이 상식적으로 쉽게 이해하고, 보편적으로 실천할 수 있는 차 수행의 원리를 제시하고 일상에서 활용할 수 있도록 해야 한다.

정성본은 「선과 다도」에서 귀중한 인생을 낭비하지 않고 지혜로운 삶을 살기 위한 방법으로 선차를 언급하면서, "지나간 과거에 얽매이거나, 확실치 않은 미래에 대한 기대로 환상에 빠져 있지 말고 언제나 지금 여기에서, 마음속에 번뇌 망념이 일어난 사실을 자각하여, 깨달음의 지혜로운 삶이 되도록 하는 것이 바로 선차 생활(禪茶生活)이다."라고 하였다. 허상에 빠져 허우적대지 않고, 늘 본질을 직시하면서 지혜롭게 생활하는 현실 속의 차 생활이 선차임을 천명한 것이다.

또 선차의 실천적 의미를 요약하여, "부서지고 상실된 인간성을 회복하고 재건하는 것. 미움과 증오, 사랑과 애착에서 오는 끊임없는 갈등과 괴로움, 생사 고뇌로부터 해탈하는 것. 벗어나기 어려운 선입관으로부터 해방·해탈하여 대자유인이 되는 것. 과거에 대한 미련과 감상·괴로움·슬픔을 모두 떨쳐 버리고 미래의 불안과 근심 걱정, 두려움을 극복하는 힘과 지혜를 갖추며, 지금 여기에서 안심입명(安心立命)의 주체적인 삶을 전개하도록 하는 것"이라고도 했다.

현대 사회에서의 선차는, 내적으로는 자아 완성과 직결되는 차 생활, 외적으로는 모든 대상이 상의상관(相依相關)의 관계임을 꿰뚫어 보는 차 생활에서 출발해야 한다.

• 현대 사회와 산사의 선차

1. 산사를 중심으로 한 선차 정립의 필요성과 의의

각종 행사장에서 무대 위의 차 우려 마시기(行茶) 시연이 마치 다도나 선차를 행하는 것처럼 인식되는 경우가 많다. 본질보다는 겉 형식에 집착함으로써 생겨난 양상이라 할 수 있다.

차가 심신의 건강을 위한 최적의 음료로 대접받고, 차 문화가 대중성을 가질 정도로 그 외연이 커졌다. 하지만 거대한 골조를 떠

받칠 지반이 약하니 그게 문제다. 이미 포화 상태가 되어 변화가 필요한 차계(茶界)의 청량한 에너지 공급원이 선차이다.

한국의 차문화가 올바른 방향성을 가지고 '차와 수행' 혹은 '선차 사상'이 실질적으로 구현되기 위해서는 차를 통해 전달되는 수행의 원리와 그 정신이 주목받아야 하고 또 적극적으로 실천되어야 한다.

산사는 차를 통한 수행, 즉 선차 사상을 널리 펼 수 있는 최적의 공간이며 그 역사적 뿌리도 깊다. 차와 밀접한 연관성이 있는 산사는 전국적으로 산재해 있다. 삼국사기나 삼국유사뿐 아니라 승려나 유학자들이 남긴 시문집에 부지기수로 등장한다. 산사의 차문화는 세속적 가치와는 엄정한 거리를 유지하면서, 세속의 차문화를 올곧게 만드는 차 문화 선도의 한 축이 되어야 함이 마땅하다. 차와 관련한 모든 것이 의식화·정형화·보여주기화 되더라도, 선차만은 정신적 깨달음이라는 목표점을 최후의 보루로 삼지 않으면 안 된다. 그렇지 않으면, 다도(茶道)가 '차 우리는 행위'·'차 예절'·'차 관련 생활 예술' 익히기로 전락하고 말았듯이, 선차도 '차를 곁들인 퍼포먼스'·차가 있는 행위 예술·차 마시는 명상 음악 감상'의 샛길로 빠질 수도 있다.

현대 사회의 문제점이 부각 될수록 본질에 충실한 것만이 그 가치를 발한다. 선차의 세계도 본래의 가치 회복, 즉 존재의 본질을 자각하여 내면 정신을 확장하는 세계로 나아가야 한다. 산사가 중심이 되어 이 시대에 적합한 선차를 새롭게 정립해야 할 이유다. 시대성을 담보해 내지 못하는 선차는 생명력을 잃은 유리 속의 박제물에 다름 아니다.

오늘날 산사 선차 정립의 의의는 세 가지로 요약할 수 있다. 첫째, 산사의 차는 탐진치(貪嗔癡)의 사특함에서 벗어나는 수행의 일환이어야 한다는 점이다. 이는 일상에서 세속의 차인들이 쉽게 행할 수 있는 방식을 제시하고, 간단없이 계도해야 함을 전제로 한다. 둘째, 전통적인 선뿐만 아니라 존재의 본질적 문제를 해결하기 위한 모든 명상적인 방식의 차 수행도 차를 통한 선 수행임을 밝힐 수 있다는 것이다. 이는 이름만 다를 뿐 안심입명(安心立命)을 추구하는 모든 차 수행이 선차 수행의 목적과 궁극적으로 같음을 뜻한다. 셋째, 차를 마실 때든 마시지 않을 때든, 행주좌와어묵동정(行住坐臥語默動靜) 중에 늘 자신의 내면에 존재하는 본질적 가치성(佛性)을 깨닫기 위한 수행이 선차 수행이라는 것이다. 즉, 차를 마시고 마시지 않고의 유무 인식에서 벗어나, 매사 투철하게 자신의 내면을 응시하여 실체가 없는 고통과 집착에서 벗어나는 것이 도에 이르는 선차라는 것이다.

2. 산사 선차의 지향점

차는 일상생활 속에서 자기의 본래면목(本來面目)을 정관(靜觀)하게 하는 선 수행의 알맞은 보조물이다. 선차는 일상에서 가능하기에 산사에서만 존재하는 것도 아니며, 특정인만 행하는 별스러운 것도 아니다. 정조(正祖)의 부마로 초의(草衣)와 교류했던 홍현주(洪顯周,

1793~1865년)는 다음과 같은 시를 남겼다.

> 시를 읊조리고 차를 마시는 것 모두 선의 맛이니(吟詩啜茗皆禪味)
>
> 나도 인간 세상에 사는 머리 긴 승이라네.(我亦人間有髮僧)

누구든지 차를 마시는 일상 속에서 자신의 내면과 마주한다면, 그게 바로 선차 수행이라고 보면 된다.

산사가 정립하는 선차는 특정 공간, 특정 행위를 통해서만 가능한 별스러운 것이 아니라, 어떤 공간, 어떤 상황이더라도 일반화·대중화가 가능한 방식을 지향함이 마땅하다. 일상에서 간절한 마음만 있다면, 차를 통한 선 수행이 언제 어디서나 가능해져야만 선(禪)의 다반사(茶飯事)가 되기 때문이다.

차의 상징성, 즉, 차의 정신은 화려한 복장에도 복잡한 차도구 배열과 까다로운 형식에도 있지 않다. 어떤 대상이나 형식에 얽매여 자연스러움을 잃어버리면 이미 차의 정신과 멀어진 것이다. 고고적적하게 차를 마시며 느끼는 현묘한 경지는 차와 선이 둘이 아님을 체득하는 것이다. 선불교가 밑받침이 되어 형성된 선차문화는 21세기에 오히려 더욱 그 가치를 빛낼 것이 분명하다. 현대 사회·현대인에 내재한 다양한 의식과 정신 문제는 차를 통한 선 수행으로 극복 가능하다. 21세기는 특히 정신문화의 세기라고 한다. 이 정신문화의 세기에 선차문화를 고양하는 것이 산사의 역할이며, 임무이다.

오늘날의 선차는 정적인 부분과 동적인 부분이 어우러지는 차 수행법으로 나아가야 한다. 정적인 행위와 동적인 행위가 조화롭게 이루어진다면, 지루함이나 잡념, 졸림 등에 영향을 덜 받으며 차를 통한 선 수행이 가능해진다. 이런 것이 바로 각박한 현대 사회에서 흥미와 즐거움을 추구하는 현대인들에게 부합될 수 있는 좋은 명상법이다. 선차는 계속 시대적 연기에 맞게 적법한 방식으로 변화·성장해 나아가야 한다.

• 현대 사회와 일상생활에서의 선차

1. 차회(茶会)를 통한 일상에서의 선차의 필요성

일상생활에서 차를 마시며 즐기는 것은, 기호품을 통하여 여가를 누리면서도 삶과 정신에서 선미(禅味)인 청적(清寂)과 평안(平安)이 깃들기를 바라는 이유이다. 실제 다도는 사원의 청규사상과 일반 윤리관을 바탕으로 확립된 정신세계의 진수였다. 하여 불교의 선사상과 융화되어 일반인의 차생활에서도 '다선일여(茶禅一如)'를 최고의 가치 덕목으로 여겼다. 하지만 차생활이 사회에서 보편화·일상화되면서부터 다도가 예법과 형식적 차원으로 변질 고착화되었다. 다도의 근간인 선의 세계가 언어적 차원에서만 오르내릴 뿐, 실상의 차생활에서 슬그머니 자취를 감춘 것이다.

눈을 돌려 오늘날 차회의 명칭에서 이런 현상을 되살펴 보자.

전국에 산재해 있는 차회의 명칭에 '선차회(禅茶会)'란 꼬리표를 달고 있는 단체가 참으로 많다. 물론 우리 고유의 풍류를 뜻하는 '선차회(仙茶会)'도 있지만, 거의가 맑고 고아한 선정(禅定)의 세계를 차를 통하여 이루자는 의도에서 지어진 선차회(禅茶会)이다.

다도회(茶道会)와 전혀 다를 바 없음에도, 굳이 선차회란 이름을 붙인 데에는 다도회와는 어떤 목적성에 차이를 두고자 함이 분명하다. 그냥 '○○다도회'나 '○○차회'라고 할 수 있음에도 '○○선차회'로 명명했기 때문이다.

왜 이런 현상이 생겼을까? 차회 결성이나 명명(命名)은 차회 설립인의 의도와 생각에 좌우된다. 개인적 취향에서 자유로울 수 없음을 뜻한다. 물론 전부는 아니지만, 예절에 방점을 두면 '예다원(禮茶院)', 차의 격식적 측면을 중시하면 '다도회(茶道会)', 차회 운동이나 동호인적 성격에 힘을 주면 '차인회(茶人会)'라고 명했다. 이와 같이 '선차회'도 불교적 세계관이나 선미에 뜻을 가진 설립인의 의도가 가미된 명명으로 보면 된다.

이런 현상을 두고, 일각에서는 사고(思考)와 활동 및 교육에서 통합적 방법론이 강구되어야 한다는 주장의 근거로 삼기도 한다. 이상론으로 보면 일견 타당하기도 하다. 하지만 우리의 차회 실정이나 구성원을 보면 결코 쉬운 일이 아님이 분명하다. 우리의 차회 역사가 그리 길지도 않을뿐더러, 교육의 질량(質量)도 충분하지 못했기 때문이다. 거기다가 기하급수적 차회의 증가나 차 지도자의 배출로, 다도 선생이나 지도자의 역량이 인문·철학적 분야의 통합에 나아가지 못 하고 단편적 지식에서 머물러버렸다는 점이다. 이런 지적이 머뭇거려지고 손끝의 생채기처럼 아리지만 현실이다.

예절도 좋고, 격식적 측면도 좋고, 동호인의 성격도 좋다. 하지만 중요한 것은 그 근간에, 걸림이 없이 외래 사물을 대하면서 본질적 참나(真我)를 찾으려는 것(參禪, 瞑想)과 일상의 차 마시기(茶事)가 둘이 아니라는 체득의 필요이다. 그래야만 '차의 맛과 향을 고요히 느끼는 그곳이 참선장이며, 그때가 바로 물 흐르고 꽃 피는 신묘한 순간(静坐処茶半香初 妙用時水流花開)임을 알게 되기 때문이다.

현대는 고립과 소외, 경쟁에 의한 피로감, 소유 욕망과 현실 일탈의 욕구 등 내면적 번뇌가 건잡을 수 없을 만큼 큰 시대이다. 이 시대의 유해물질인 고민과 갈등에 청량하고 올곧은 선차 생활은 자양강장 피로 회복제가 될 수 있다.

차회는 개인적 차생활로 끝나는 자리가 아니다. 회원들끼리 인간적 예절을 배우고, 고준한 다법(茶法)을 익히며, 동호인으로서의 즐거운 취미 생활 등을 겹겹으로 누릴 수 있는 곳이다. 그만큼 사회적 파급력이 크다.

이제 차회에서 선차나 명상차를 실행하여 이 시대의 공통분모와 같은 여러 정신적 문제를 극복해 나갈 수 있도록 그 단초(端初)를 마련해야 한다. 산사의 차와 세속 사회의 차가 둘이 아니라 결국은 하나임을 자각하도록 해야 한다.

碧水寒松 月高風淸벽수한송 월고풍청 푸른 물 찬 솔, 달은 높고 바람은 맑다.

香聲深處 相分山茶향성심처 상분산다	향기 소리 깊은 곳, 차 한 잔 들게.
遇茶喫茶 遇飯喫飯우다끽다 우반끽반	차 마시고, 밥 먹는게
人生日常 三昧之消息인생일상 삼매지소식	인생의 일상 삼매 소식이니
會得磨 茶회득마 다	이 소식을 알겠는가? 차

경봉스님의 이 차시처럼 차인들이 일상에서 차를 마시며 삼매의 삶을 누릴 수 있도록 하려는 차회의 노력이 필요하다.

2. 차회에서의 일상적 선차의 지향성

차를 마시는 많은 사람들이 이루고자 하는 정신의 세계는 '다선일여(茶禪一如)'라는 용어에 함축되어 있다. 어떤 교육적 기반이나 종교적 터전 위에 있을 지라도 자연스레 표현되는 것이 이 '다선일미(茶禪一味)' 류의 단어이다.

그런데 오늘날 차회 활동에서의 선차의 실상은 본질적 선이나 명상과는 분명 거리가 멀다. 태산처럼 평안하고 자연스러운 모습이어야 할 선차가 엄격한 격식에 치우쳐 긴장 속에서 이루어지는 경우가 태반이다. 뿐인가? 명상음악 틀어놓고는 감상하듯이 눈감고 고요히 앉아 있거나, 이상한 손동작(手印)으로 요기(Yogi)처럼 행동하는 경우도 있다. 이는 선이나 명상을 가장한 공연장의 쇼(show)나 행위예술에 다름 아니다.

우리는 평소 보고, 듣고, 맡고, 먹고, 느끼고, 일어나는 생각 등에 마음을 빼앗기고 산다. 또 마음을 빼앗기는 순간에 욕심, 분노,

어리석음 등의 반응이 일어난다. 이러한 반응으로 인해 어떤 형태로든 괴롭고 불편한 상태가 만들어진다. 이러한 상황과 결과를 반복하지 않기 위해서는, 매일매일 차를 마시면서 바깥의 조작된 현실에 흔들리지 않도록 '알아차림'과 '마음 챙김'의 수행을 해야 한다. 늘 이렇게 하다 보면 자신의 내면을 깊이 응시할 수도 있고, 이를 토대로 세상을 더 폭넓게 이해할 수 있다.

차를 우리면서, 찻잔을 손에 쥐면서, 차를 마시면서 순간순간 만들어지는 느낌이나 상태를 자각해야 한다. 그러면 외적 상황에 의해 조작된 마음의 혼란에 빠지지 않고 자신을 바로 바라볼 수 있다. 이것이 간단없어지면 차를 마시든 일상에서 어떤 생활을 하든 그저 무심히 그 일을 할 수 있을 것이다

차회에서 차인들이 정립하고 지향해야 선차는, 선이나 명상의 본질에 합당한 바른 방식이어야 한다. 특정한 기물(器物)에 의존한 것이거나, 특이한 외형적 행위에 바탕을 둔 모습에서 탈피함이 마땅하다. 일상에서 그저 마음만 먹으면 언제 어디서든 수월하게 행할 수 있는 것이 바른 선차이기 때문이다. 좌식(坐式)이든 입식(立式)이든, 혼자이든 여럿이든, 차를 마시는 자리에서 바로바로 이루어지는 일상성이 오늘날 차회의 차인들이 추구해야 할 선차의 모습이다.

久坐成勞永夜中구좌성로영야중　　오래 앉아 피곤한 긴긴 밤
煮茶偏感惠無窮자다비감혜무궁　　차 달이며 무궁한 은혜 느끼네.

一盃卷却昏雲盡일배권각혼운진	한 잔 차로 어지러운 마음 물리치니
徹骨淸寒萬慮空철골청한만려공	뼈에 사무치는 맑은 기운에 모든 시름 스러지네.

우리가 일상 차회 활동에서 추구해야 할 선차의 모습이 확연하게 나타난 무의자 혜심(無衣子 慧諶)의 선차시(禪茶詩)이다.

선차는 결코 일상에서 유리될 수 없는 성질의 것이다. 현대인이 겪고 있는 정신적 문제들을 극복하고, 명징하고 고준한 정신의 세계를 이루기 위해서는, 선차(禪茶)가 모든 차회의 기본 이념이 되어야만 한다.

• 나가는 말

오늘날 차는 건강 음료로서의 기능을 넘어, 현대인의 품격 있는 문화생활을 위한 기호로서의 가치를 지니고 있다. 우리가 흔히 말하는 건강이란, 육체적·정신적·사회적으로 활동을 하는 데 불편함이 없는 상태를 말한다. 차는 사람들의 마음을 맑고 편안하게 해줄뿐 아니라, 자기 자신을 돌아보게 하고, 궁극적으로는 수행의 길로 나아가게 한다.

다도(茶道)가 멋과 풍류, 예술적 생활문화 형식으로 변화한 만큼, 본질적인 마음과 정신의 영역은 선차가 대신해야 한다. 차와 선은 불가분의 관계에 있고, 사람들은 선차 생활을 통하여 존재의 참된 의미를 깨달을 수 있다. 선차 생활은 현대인이 겪고 있는 갖가지의 문제점을 해결하고, 일상생활 속에서 지극히 평안하고 안정된 삶을 누리게 하는 수행법이다.

일상 속에서의 선차 생활은 화평·평온·안정·정화된 경지에서 현재적 삶에 충실하게 한다. 차를 마시며 선 수행을 하는 것은, 깨달음의 지혜를 바탕으로 삶의 본질을 찾아가는 최선의 정신문화 생활을 영위하는 것이라 할 수 있다.

이제 우리가 추구해야 할 선차는, 다선일미(茶禪一味)니 선다일여(禪茶一如)라는 말은 하면서도, 선의 의미는 빼버리고 격식에 얽매인 다도에 의미를 두는 오늘날의 문제점을 바로 잡는데 의미가 있다. 뿐만 아니라 상락아정(常樂我淨)[8]의 열반 사덕(涅槃四德)을 차를 마시는 행복하고도 즐거운 생활 현장에서 바로 이룰 수 있게 하는데 뜻이 있다. 선차(禪茶)는 시작점에 있다. 앞으로 군더더기 없는 참된 차 생활을 위해서 더욱 정치(精緻)한 수행의 방식을 연구해야 한다. 선과 차의 결합은 심신의 안정과 건강을 위한 조화로운 만남이지만, 잘못되면 허황된 퍼포먼스로 끝날 수도 있기 때문이다. 이 시대에 적합한 현대 선차의 세계는 지금부터 시작이다.

---

8 상(常)은 항상 머물러 소멸하지 않는다는 뜻으로, 열반이 시간과 공간을 초월하여 생멸 변화가 없는 덕을 갖추고 있음을 말하며, 락(樂)은 안락의 뜻으로, 생멸 변화가 없는 세계는 생사의 고통을 벗어난 적정무위(寂靜無爲)의 안락한 덕을 갖추고 있음을 뜻한다. 아(我)는 참나의 뜻으로, 망령되게 집착하는 나를 벗어난 무애자재(無碍自在)한 영지(靈知)의 덕을 갖추고 있음을 뜻하고, 정(淨)은 청정의 뜻으로, 번뇌망상의 더러움을 남김없이 소멸시켜 청정무구한 덕을 갖추고 있음을 말한다.

글을 마치며

이순의 고갯길에서 차 한 잔 앞에 두고

• 독백 1: 인생 고개

인생의 고갯마루에 서서 뒤돌아보면 세상은 그리움과 아련함보다는 아쉬움과 미련으로 아릿하다. 앞을 내려다보면 희망과 설렘보다는 두려움과 허망함으로 흔들거린다. 인생은 그런 것인가 보다. 오르막에서 우리는 어떠했던가? 나아갈 길이 길고도 아득했기에 뒤는 보이지 않았고 앞만 보고 걸었을 뿐이다. 때론 힘들고, 간혹 아파도 우뚝 서리라는 고갯마루의 성취감을 떠올리며 애고지고 걷고 걸었다. 내리막은 어떠한가? 성취감으로 모든 것이 행복하리라 앞만 보고 걸어왔건만, 돌부리 더욱 거칠고 다리는 풀려 힘차게 딛질 못한다. 자꾸만 허우적거리고, 고갯길 오르느라 돌아보지 못한 그 신산(辛酸)한 여정과 세월이 가슴 한쪽에 묻어둔 꿈처럼 시려온다.

인생은 그렇다. 젊은 시절, 힘들어도 꿈은 하늘의 별처럼 반짝였고, 4월의 꽃처럼 영롱했다. 가야할 길이 끝없어 보이니 뒤를 바라보는 것은 현실 안주였고 정신패배였다. 다만 앞만 보고 어기적거릴망정 치열하게 걸었다. 지나온 길은 손바닥 한 뼘이고, 앞길은 구만리인데 어찌 뒤가 보였겠는가? 꿈이 꽃길, 비단길로 앞에 놓여 있었는데… 청춘의 그 빛나는 시절보다도 앞으로 다가올 꿈을 이룬 시절이 더 아름답게 게 보였는데….

이제 고개를 넘어선 초로(初老)의 시절, 내리막은 빤히 보이고 새로울 것이 별로 없어 보인다. 오를 때는 몰랐던 시간의 속도감이 무섭고, 점점 사라져가는 아쉬운 것들만 주위에 널렸다. 앞은 초라해 보이고 현실은 녹록지 않다. 힘들었을망정 꿈속을 걸었던 청춘의 뒤안길이 어째 더욱 그립다.

인생의 고갯길. 가야할 길이 아득할 때는 앞만 보였고, 이젠 걸어온 길이 아득하니 뒤만 보인다. 오늘이 어제와 다르지 않고, 내일이 오늘과 별다를 바 없으리니, 더 먼 어제의 어제가 그립다. 인생의 고갯마루를 넘어서서 세상을 바라보니 아쉬움과 그리움만 넘실거린다.

• 독백 2: 차 한 잔의 위로

고갯길에서는 늘 목마르다. 헐떡임이 없어도 숨은 가쁘고, 그늘에서 쉬어도 다리는 팍팍하다. 길을 가는데, 고개를 넘어가는데, 인생의 굽이를 헤쳐 가는데, 너나없이 어찌 아무런 느낌이 없으리오? 이렇게 목이 마르고, 숨은 가쁘고, 다리가 팍팍할 때는 그 아픔을, 저 고통을, 이 외로움을 힘겹게나마 극복하게 해 주는 뭔가가 필요하다.

운동도 좋고, 여행도 괜찮으며, 눈먼 사랑이어도 나쁘지 않다. 술이면 황홀해서 당기고, 차는 담백해서 끌린다. 뭐든지 좋다. 이 길에서 패배자처럼 물러서지 않고, 묵묵히 앞으로 나아가기 위해서라면.

미친 듯이 운동에 빠지지도 못하고, 모든 걸 내팽개치고 무작정 떠나지도 못하며, 눈먼 새로운 구속은 두렵고, 술이 내 몸을 스스로 멀리하기에 내 곁엔 겨우 차(茶) 하나밖에 없다.

슬퍼할 일이 아니다. 그나마 차라도 있으니 얼마나 다행스러운가? 스무 살에 차를 처음 접하고, 여태껏 마셔대고 있다. 차가 만병통치약일 리 없지만, 마시면서 애써 갈애(渴愛)로 허덕이는 마음을 치유하는 심약(心藥)으로 삼고, 갈증과 허열(虛熱)에 시달리는 육체를 조율하는 신약(身藥)으로 삼았다.

노동(盧仝)은 "한 잔에 입술과 목구멍이 적셔지고, 두 잔에 고민이 사라지며, 석 잔에 차의 향기가 창자에 스미어 가슴 속엔 오직 오천 권의 문자만이 남게 되고, 넉 잔에 가벼운 땀이 솟아 평소의 불만이 땀구멍을 통해 사라지며, 다섯 잔에 살과 뼈가 맑아지고, 여섯 잔에 신선의 경지에 이르니, 일곱 잔을 마시지 않아도 두 겨드랑이에서 맑은 바람이 인다고 했다." 다선(茶仙)의 경지까지는 이르지 못해서, 다만 시(詩)를 통해 이해할 뿐이지만, 차가 주는 덕이 인간의 심신에 어떤 영향을 주는 가는 느껴진다.

젊음의 오르막길에서 스스로 다짐한 목표에 비해서는 별 이룬 것 없는 초라함이 초로의 내리막길에서 헛헛함으로 다가오지만, 살아오며 남겨 둔 온갖 감정들이 무시(無時)로 찾아들어 문득문득 가슴을 짓누른다.

찻물을 끓이며 더 자주 가만히 내 안을 들여다볼 것이고, 따뜻한 한 잔의 차로 마음을 달랠 것이다. 그나마 위로가 된다. 차 한 잔의 넉넉하고도 따뜻한 위로!

• 독백 3: 안민고개

안민 고개를 넘어간다 / 이제는 아무도 설워 않네 / 오래전 사람들 울며 넘었던 / 사연들은 모두 다 잊혀진 걸까

(중략)

벚꽃 피는 계절이 오면 바다 향해 / 날리는 꽃잎에 눈 씻고 / 가슴 속 한 구석에 쌓아두며 아프던 / 제 잘못 스스로 용서 해주고 / 대광사 너른 마당 그 시원한 바람 / 먼지 같은 일들을 잊으라 하네

홍순지가 부른 「안민고개」의 노랫말이다. 가슴 절절한 사연을 간직한 채 얼마나 많은 사람이 이 고개를 넘어갔을까? 어느 봄날 안민고개를 넘어가며, 그 비탈진 샛길을 따라 걸으며 했던 생각이

다. 지나간 삶이 희미해지고, 현실이 남루하다 느껴지면 더욱 그러리라. 꿈도 아픔도 세월 따라 사라지리니.

순간 왔다가는 어느새 사라지는 벚꽃이 세상을 뒤덮을 때쯤이면 안민고개는 비현실적인 세상이 된다. 삶의 힘겨움과 외로움에 서성이는 발걸음일지라도 꽃잎은 눈을 씻어주고 마음을 어루만져 준다. 지나온 삶이 허무하더라도 세상은 어차피 하룻밤 꿈같은 것이니 슬퍼만 하지 말라고, 또 지금의 삶이 꿈 같이 화려할지라도 하룻밤의 짧은 순간일 뿐이니 기뻐만 하지 말라고.

안민고개는 주저리주저리 사연을 만들며 길을 내고 서 있다. 꿈이 성글성글한 괴나리봇짐을 진 젊은 사내든, 고개 넘어 다시 오기 어려운 길을 가마 타고 떠난 젊은 새색시든, 청산 못 할 빚은 산에 묻어버리고 가족들 데리고 야반도주한 가장이든, 서로 눈 맞아 아는 사람 없는 새 세상 찾아 떠나간 연인이든, 그 많던 사연을 간직하고 만들며, 지금도 안민고개는 창원과 진해 사이에 길을 내고 서 있다.

벚꽃이 흔적도 없이 진자리에 또 어떤 사연이 고갯길을 채우고 있는지 바람 불어 좋은 날에 안민고개를 한번 가야겠다. 햇녹차 진하게 우려 보온병에 가득 담고서. 가서는 나도 이만하면 휘적대긴 하지만 그래도 잘 견디고 있다는 위안의 사연 하나 길에 묻고 와야겠다. 안민고개는 늘 거기 그 자리에서 시리도록 그리운 아프도록 따뜻한 사연들을 안고 간직하고 있기에.

• 독백 4: 지금 여기, 이 순간

도종환은 「돌아가는 꽃」에서 이렇게 썼다.

간밤 비에 꽃이 피더니 / 그 봄비에 꽃 지누나

(중략)

언제나 잠시 / 아침 햇살에 아름답던 것들 / 저녁 햇살로 그늘지리

세상의 모든 것들은 시간의 유한성 속에 있고, 시간 속에 존재하는 모든 것들의 무상함은 자신 안에 그 원인이 있다.

내가 걷고 있는 삶의 굽이굽이 고갯길도 나에게 그 이유가 있음이다. 젊은 날의 찬란함도 내가 존재하는 시간 속에서 그대로 빛을 잃어가고, 내일보다 굳세고 활기찬 오늘도 쉬이 지나간다. 그런데 나는 시간을 어떻게 대했는가? 천년만년 계속될 것처럼 이 유한(有限)함과 무상(無常)함을 외면하고 그냥저냥 보냈을 따름이다.

이제 고지가 저기라며 올라온 고갯길이 더는 보이지 않고, 고갯마루 너머의 내리막길만 저리 훤하게 보인다. 조금씩 굽이진다고 하더라도 쏜살같이 내려갈 일만 남았다. 우스갯소리로 넘겼던 인생 육십 킬로미터의 속도가 지금 나의 빠르기. 어째 속도감이 예사롭지 않아 시쳇말로 지린다. 이제 머잖아 칠십, 팔십의 빠르기로, 몇 배 속의 속도감으로 노루꼬리처럼 남은 짧은 길을 달려가리라.

아! 문득 차 한 잔이 그립다. 길은 계속 이어질 것이고, 서글픔이든 외로움이든, 그리움이든 연민이든, 아쉬움이든 절망이든, 감

정은 계속 길 위의 나와 동행할 것이다. 세월과 함께 가는 인생길이기에.

久坐成勞永夜中구좌성로영야중 오래도록 앉아 피곤한 긴긴밤
煮茶偏感惠無窮자다비감혜무궁 차 달이며 무궁한 은혜 느낀다네
一盃卷却昏雲盡일배권각혼운진 한 잔 차로 혼란스러운 마음 물리치니
徹骨淸寒萬慮空철골청한만려공 뼈에 사무치는 청한에 모든 시름 사라지네

무의자 혜심(無衣子 慧諶)의 시가 현실의 나를 가만히 토닥여 준다. 어떤 감정이 오든지 얽매이지 말고, 다만 한 잔의 차를 마시며 담담해지라고 말하고 있다. 차는 혼란스러움과 시름을 쫓아내며, 온갖 은혜로움을 느끼게 해 주는 삶의 동반자란다.

차가 있어 그나마 이 인생의 고갯길이 그리 절망적이지 않다고 느껴진다. 아니 차가 있어 지금, 이 순간 묵묵히 걸어갈 힘이 생기고, 담담히 세상을 바라보며 살아갈 여유가 생긴다. 차 한 잔에 삶의 가치가 온전하게 있고, 삶 속에 차 한 잔의 가치가 가득하다. 한 잔의 차가 주는 무궁한 은혜가 감미롭다.

이순의 고갯길에서 차를 마시는 지금, 이 순간.

[도움 주신 분들]

박홍관 | 도서출판 티웰, Youtube <다석 TV> 대표. 저서 『차, 공간에 담기다』 외 다수

도륜스님 | 안동 대원사 주지, 대한불교조계종 장애인전법단장

오상룡 | 경북대학교 명예교수

김종호 | 생태 전문 사진작가

하지권 | 사진작가

한국차문화연구원

한국 차문화 비평

2022년 5월 16일 초판 1쇄 발행
2022년 7월 19일 초판 2쇄 발행

지은이 심재원
펴낸이 권순기
부장 박현곤
행정팀장 김성균
편집 이가람
디자인 이희은

펴낸곳 경상국립대학교출판부 | 출판등록 1989년 1월 7일 제16호
주소 경남 진주시 진주대로 501
전화번호 055) 772-0801(편집), 0802(디자인), 0803(도서 주문)
팩스 055) 772-0809
전자우편 gspress@gnu.ac.kr
홈페이지 http://gspress.gnu.ac.kr
페이스북 https://www.facebook.com/gnupub
블로그 https://blog.naver.com/gnupress12
인스타그램 https://www.instagram.com/gnupress